범일 글·사진

여는 글

생각대로

몇 년 전, 통신 회사의 광고를 듣고 놀랐습니다.
경쾌하고 짧은 음악과 함께 "생각대로 T~"
저렇게 멋진 광고를 하다니
도(道)를 통한 분이 기획했나?

사람들은 좋은 인연들과 항상 함께하지는 못합니다.
못 만나는 대신 목소리라도 들으려고 전화기를 발명했고,
유선에서 무선으로 넘어가 휴대전화기가 생기더니,
이제는 생각하는 것들을 다 넣은
스마트폰을 만들었습니다.

스마트폰만 우리의 생각대로 만들었을까요?
빨리 이동하려고 자동차, 비행기를 만들고, 지식을 전하고
확장하기 위해 컴퓨터를 만들고…… 필요하다고 생각하는
것들은 뭐든 만들어왔습니다.

생각대로!
통신사의 그 광고는, 모든 것이 생각대로 되어가고 있다고
말합니다.

그 '생각대로'는 화엄경의 핵심 법문입니다.
부처님께서는,

若人欲了知　三世一切佛
應觀法界性　一切唯心造
삼세의 모든 부처님들의 핵심 법문을 알고자 하는가?
법계의 성품을 관하여 보라. 일체가 오직 마음으로
만들어졌구나.

라고 말씀하셨습니다.

'일체유심조(一切唯心造)'를 요즘 말로 하면
'생각대로'입니다.
생각의 표현은 말이고 말은 우리네 삶을 만들어갑니다.

천수경의 첫 구절 '정구업진언(淨口業眞言)'은,
말이란 생각의 결과이고, 그 말이 본인의 삶과 다른 이의
삶에 영향을 주니 말을 정교하게 하라는 가르침입니다.

스마트폰을 볼 때마다 세상은 생각대로.
생각과 말을 정교하게.

목
차

여는글
생각대로 3

여름
나무가 자라듯이

참외 두 개 15
어디서 왔을까 17
묻지 않으면 말하지 말라 1 19
부겐베리아 20
락스 요법 23
컴퓨터도 업그레이드하는데 27
한련화 31
지금 해야 합니다 33
아무것도 하지 않았습니다 35
나와 먹때왈과 무당벌레 유충과 사마귀 36
비용 부담 38
생각이라는 씨 41
공작선인장 43
자연스럽게 이루어지는 45
부끄러움 46
디카 단상 49
따로 또 같이 51
조건이 맞지 않아서 53
어느 여름날 콩국수 54
새벽 산행 56
관찰의 힘 58
빨강 풍경 61
올챙이 축원 62
풀을 뽑으며 65
전생이 있나요? 67

가을
지금 해야 합니다

무위순류(無爲順流) 73
지금 75
모감주나무 76
귀는 두 개 입은 하나 79
옥잠화 80
내 머리 속의 지우개 82
주인공 84
밤을 주우며 87
하루 89
층층나무 90
삭발을 자주 하는 이유 92
나를 모른다 94
구절초 계절 97
뒤집어 보기 99
떨어지는 꽃잎은
길을 정해두지 않습니다 101
오묘한 조화 102
국화 단상 105
오미자 따는 날 106
가을 달밤 109
무주상 보시 110
소리 없이 속절없이 112

겨울
다르게 보기

원각도량은 어디인가 118
인생은 장기전 121
묻지 않으면 말하지 말라 2 123
작은 것이 모여 125
종이테이프 126
조아질라고 128
방귀 130
삐따빠또 133
참 흔했던 새 134
밤사이 눈 세상 137
아까워도 버려라 138
거미 수행자 141
오래전 하와이에서 142
다이어트 145
길 옆에 길 147
거꾸로 달력 149
나태와 타협하지 않는다 150
겨울 다음에 봄 153

봄
물을 거슬러 올라가는

꽃잔디 계단 159
힘의 비밀 160
더는 미룰 수가 없습니다 162
봄밤이 좋아서 165
새싹이 자라듯이 166
동네 산책 169
연못에서 본 것 173
아, 그 꽃 175
잠깐 나가더라도 176
엄나무의 수난 179
책상 위에 두고서 180
잘 알지도 못하면서 182
우체통 세입자 185
여의주 187
다락 속 보물들 188
조심조심 191
지나가고 있습니다 193
뒤로 갈 수 없는 삶 195
양평 여행 196

통과통과
보내고 비우기

통과통과 202
전봇대 법문 204
그림을 그리는 마술사 206
홍주머니 209
안심하세요 210
적자생존 213
그때 가서 볼게요 215
버렸습니다 217
나비 218
만덕이 떠나던 날 220
보아서 병이 생겼습니다 223
면도기 224
어머니와의 이별 226
절 소식 228
법통이의 외출 230
새로 온 만덕이 232
사진기를 못 놓는 이유 234
기대가 크면 236
칭찬의 힘 239
마음으로 드렸다고요? 243

맺는글
지금까지 걸어온 길 246

여름

나무가 자라듯이

참외 두개

음식물 쓰레기를 모아서 밭에 묻었더니
참외가 나서 자라 열매가 열렸습니다.
노란 참외, 두 개째 수확했습니다.

버림받아도 싹을 틔우고 꿋꿋하게 자라서
한 몸이 되었습니다.
흙, 물, 바람, 햇볕
모두 함께하여
그렇게 되었습니다.

고맙습니다.

어디서 왔을까

우리의 육신은 부모님을 의지하여 태어났지만,
이 육신과 함께하는 영혼은 어디서 왔을까요?

산 능선에 안개 한 줄기
연기처럼 나타났다 사라집니다.
비가 오니 산창 유리에 물방울이
홀연히 나타났다 흘러내립니다.

저 산창 물방울 어디서 왔는고?
어디서 오긴요,
비가 오고 바람이 불고 유리가 있으니 나타나는 거지요.
잠시 나타났다 사라지는 꿈과 같은 현상이지요.

그 현상에 집착하면 꿈속을 헤매시는 겁니다.

묻지 않으면 말하지 말라 1

옛날, 도(道)가 깊은 스님들은
도에 대해서 묻지 않으면 말하지 않았습니다.

배우려 하지 않는 사람은
알려주어도 관심이 없고
잔소리로 생각하는 경우가 많습니다.

공짜로 먹는 보약은 약이 되지 않습니다.
사람들은 비싼 수업료를 치르고서야 배워진다고들
합니다.

비싼 수업료를 내고도 못 배우는 사람이 있습니다.
귀가 막히고 뜻이 막히면
배우고 싶어도 그러지 못합니다.

자기를 돌아보고 명상을 하는 것은
지혜의 밭을 일구는 소중한 일입니다.

부겐베리아

몇 해 전 부겐베리아가 왔습니다.
그해 겨울, 세상이 온통 눈으로 덮였을 때
주홍색 꽃이 피었습니다.
그 뒤로 어디서든 그 꽃만 만나면 반가웠습니다.

어느 해 꽃을 피우지 않기에
너무 일찍 방으로 들여서 그런가 하여
겨울의 차가운 마당에 그냥 두었습니다.
얼마 지난 후 방으로 옮겼는데
싹도 나지 않고 감감무소식.

가지를 만져보니 말라서 부러집니다.
한 해 꽃을 피우지 않았다고 얼려 죽이다니……
꽃이 얼마나 원망했을꼬!
혹시 뿌리는 살았을까?
보일러실에 두고 가끔 물을 주었습니다.

어느 날 문을 열다 깜짝 놀랐습니다.
나무 밑동에서 새순이 굳건하게 솟았습니다.
버리지 않은 것이 얼마나 잘한 일인지!

뭐든 멀리 보자.
죽어도 죽은 것 아니고
살아도 산 것 아닌 것이 얼마나 많은가!

락스 요법

부처님오신날 전부터 할 일이 아주 많았습니다.
일을 정리하고 나면 늦은 밤이 되기 일쑤였습니다.
문중의 스님이 오셔서 새벽까지 이야기를 나누기도
했습니다.

그래서일까요? 입술 아래가 터졌습니다.
며칠이 지나도 그 상처 쉬 낫지 않습니다.
그냥 둡니다.
몸이 워낙 신비로우니 곧 좋아지겠지!

토요일 오후에 오신 신도분들과 대화를 하는데 한
거사님 말씀하기를,
"스님, 그거 락스 바르면 바로 꼬독꼬독해집니다."
곁에 있던 분들 모두 놀라십니다.
"그건 아니죠~"

저도 놀랐습니다. 어찌 화장실 청소하는
독한 약품으로 상처를…….
거사님은 차근차근 본인 경험을 들려줍니다.
자기도 그렇게 해서 나았고, 외국에서 사온 약이라고
속여 회사 동료도 좋아지게 했다고.
면봉에 묻혀서 살짝 바르면 된다 합니다.
락스가 99퍼센트 이상 소금 성분으로 되어 있어서
괜찮다고 안심도 시킵니다.

저는 귀가 얇습니다.
급하고 호기심이 많아서
좋다고 생각되면 바로 해봅니다.
밤에 가만 락스를 뚜껑에 조금 붓고
면봉에 찍어서 살짝 발라봅니다.
냄새도 별로 독하지 않고 상처가 쓰리지도 않습니다.

다음날 아침, 정말 꼬독꼬독해졌습니다.
그날 밤에도 또 조금 발랐습니다.
지금은 아주 꼬독해졌습니다.

선입견으로 판단하는 경우가 많습니다.
그것도 다 이유가 있겠지만,
가끔은 도전해보는 것도 괜찮아 보입니다.
락스 요법, 제게는 도움이 되었습니다.

●
경고
함부로 따라하지 마세요. 피부는 사람마다 다르고,
락스 성분도 다를 수 있고, 적정 용량도 다를 수 있습니다.

컴퓨터도 업그레이드하는데

몇 년 동안 써온 컴퓨터가 한계에 이른 듯 통 말을 듣지 않습니다.
그냥 버리기는 아깝고 해서 기사님께 부탁했습니다.
몇 가지 부품을 성능 나은 것으로 바꾸고 운영체제를
새로 깔았더니, 이제 잘 돌아갑니다.

어떤 TV 프로그램에 80대 할아버지가 나왔습니다.
그 연세에 아직도 학교 다니면서 공부하시는
그 할아버지 말씀,
"배우는 고생은 잠깐이지만 못 배운 설움은 평생 간다."

맞습니다.
부처님 가르침 공부하러 다니기가
번거롭고 때로는 귀찮기도 하겠지만,
공부하고 수행하지 않아 지혜가 없으면
세세생생 수고스러운 윤회로 헤매게 됩니다.

가만 보면,
뉴스와 드라마에 빠져서 많은 시간을 보내는 분이
계십니다.
묻습니다.
"스스로를 지혜롭게 만드는 데는 얼마나 시간을 들이고
계신가요?"

컴퓨터를 업그레이드하듯
우리 마음도 업그레이드해야 합니다.
옛날 생각 옛날 태도를 고집하면,
오래된 컴퓨터가 제대로 돌아가지 않듯이
늘 변하는 세상과 조화롭게 살기 어렵습니다.

그러면 어떻게 마음을 업그레이드하느냐?
마음이 불편할 때 잠시 가다듬으며 걷거나
호젓한 숲에 들러 쉬거나
절을 방문해 법당에 앉아만 계셔도 좋습니다.
이런 방법은 100점 만점에 5점쯤 드릴 수 있습니다.
정기적으로 절에 나와 법회를 함께하는 것은 60점 정도,
자기 삶을 돌아보고 명상을 하면서 부처님 가르침을

생활화하는 것은 40점 정도 드릴 수 있습니다.
이 모든 걸 합치면 대략 100점이 되겠네요.

매일 밥 먹고 세수하고 잠을 자서 몸을 보호하듯
매일 수행, 기도, 명상을 하여 마음도 챙기시길
간절히 기원해봅니다.

한련화

비 올 때 보면 대단한 꽃입니다.
잎에 빗물이 많이 모이면
바로 버립니다.

며칠만 내버려두면
이 물건 저 물건이 방을 점령해
머리가 아플 지경입니다.
아까워서 버리지 못하는 것들과 무심코 정리되지 못한
수많은 나의 인연들.

방뿐이 아닙니다.
창고, 마루, 책상, 서랍, 선반……
독하게 버리기 연습을 해야겠습니다.

지금 해야 합니다

어제 연못에 부레옥잠화 일곱 송이가 함께 피었습니다.
아! 예쁘다,
사진을 찍으려다 미루었습니다.
오늘 아침 가보니 다 시들었습니다.

우리 삶도
피었다가 하루 만에 시드는 부레옥잠화처럼
금방 지나가버립니다.

지금 하십시오.
전화도 연락도 만남도 미루지 말고 지금 해야 합니다.
결코 오래 머물지 못합니다.
생각보다 빨리 지나가버립니다.

아무것도 하지 않았습니다

아침 햇살이 밝게 산창을 스칩니다.
창밖을 보다 산창에 먼지가 있는 것을 보게 되었습니다.
아무것도 하지 않았는데 먼지가 껴 있습니다.

알아채지 못하는 사이
마음에 욕심의 때가 낍니다.

걸레를 빨아 산창을 닦으면서
마음도 함께 보았습니다.

나와 먹때왈과 무당벌레 유충과 사마귀

어린 시절 뜰에서 작고 검은 먹때왈을 따 먹었습니다.
도랑에서도 가끔 보였는데 밭에 난 것은 뽑아냈습니다.
계단 옆에 난 것은 그대로 두고 뽑지 말라는 글을 써
붙였습니다.

어느 날 보니 작은 벌레들이 이파리 가득 진을 치고 잎을
갉아 먹고 있었습니다. 무당벌레 유충이었습니다.
그래 내가 포기하자.
고초를 겪는 먹때왈을 그냥 바라만 보면서 계단을
오르내렸습니다.

며칠 전부터는 큰 사마귀가 먹때왈 근처에 그림처럼
고정되어 있습니다. 좌선하는 수행자인 듯 마른
나뭇가지인 듯 며칠째 가만있습니다. 무당벌레 유충을
잡아먹고는 시치미 뚝 떼고 있습니다.

나와 먹때왈과 무당벌레 유충과 사마귀……
작은 순환의 고리가 여기에도 있습니다.

잎을 다 뜯긴 먹때왈이 다시 새순을 틔웁니다.
이번에는 어떤 세계가 펼쳐질까요?

비용 부담

서종사 들어오는 길은 포장이 안 되어 있습니다. 이에 대해 반응이 엇갈립니다. 자주 오는 분들은 별말씀 안 하는데, 처음 오는 분들은 길 걱정을 많이 합니다.
"언제쯤 포장할 계획이세요?"
"아직 포장 계획은 없고, 수시로 잘 손보고 있습니다. 비포장 길이 주는 운치도 있고 걷기에도 좋답니다."

여름에는 비가 많이 오니 자주 길을 고쳐야 하고, 겨울에는 눈이 오면 제때 쓸어주어야 합니다.
해빙기에는 길이 질퍽거려서 돌멩이로 메워주어야 합니다.

태풍이 온다고 하여 괭이를 들고 길 살피러 내려갑니다. 빗물은 지날 때 흙을 데리고 갑니다. 흙을 덜 데리고 가도록 중간중간 도랑을 만듭니다. 비가 올 때는 흙이 부드러워 파기가 쉬우나, 비 오기 전에는 딱딱해서 힘듭니다.

이렇게 좋은 곳에 살면서 삶의 비용 부담으로 이 정도는 당연히 감수해야지요.

생각이라는 씨

밭에 민들레를 심었습니다.
민들레는 봄부터 수없이 꽃씨를 날려 보냈습니다.
풀밭이나 어디나 날아가서 자랍니다.

민들레 씨는 작고 가볍습니다.
가벼워서 자유롭게 멀리 날아갈 수 있습니다.
작은 몸으로 어디에든 내려앉아 좁은 틈을 비집고
들어가 싹을 틔웁니다.
빽빽한 잔디밭에도 군데군데 민들레꽃이 피었습니다.

생각도 씨앗입니다.
지금 비록 작더라도 훗날 큰 이룸의 시작일 수 있습니다.
좋은 씨앗을 심어 정성스레 물을 주어야겠습니다.

공작선인장

공작선인장 꽃이 피었습니다.
선인장 몸집이 너무 커서 방에 두기 부담스러워하던
차였습니다.

그런 제 의중을 눈치챘는지
꽃이 말하길,
"저 이렇게 예쁘거든요.
몸뚱이 조금 큰 거 가지고 뭐라 하지 마세요!
다 나름대로 이유가 있지 않겠어요?"

법일, 미안해하면서
"아, 예…()…()…()…."

자연스럽게 이루어지는

비가 오지 않는 날들이 이어졌습니다.
채소밭과 마당의 잔디, 그리고 꽃밭에도 물을
주었습니다.
잠시 촉촉했다가 금방 말라버립니다.

비가 좀 오면 좋겠다는 생각을 하던 차,
시원한 소나기가 왔습니다.
한순간에 고민 끝.

사바는 인토(忍土), 참고 사는 땅입니다.
즐거움과 고통이 반반씩이지요.
가물 때는 물을 주고 또 주어도 부족하지만
때가 되면 자연스럽게 이루어집니다.
마른 땅에 비가 와서 단숨에 해갈되듯이.

부끄러움

도량에 옛날 여고생 교복 카라 같은 하얀 백합이
피었습니다.

백합꽃을 잘 기르던 친척 누나가 한 동네에 살았습니다.
막 고등학생이 되었을 무렵, 누나 집에 자주 놀러
갔습니다. 거의 매일, 저녁만 되면 놀러 가곤 했는데
누나는 반갑게 맞아주었습니다.

어느 날 서울에 살던 형이 제게 편지를 보여주었습니다.
편지의 끝에,
"오빠! 동생이 자주 놀러 오는 것이 조금 불편하니 말씀
좀 잘해주세요."
라고 씌어 있었습니다. 얼마나 부끄럽고 창피하던지.

초발심자경문에 씌어 있기를,
"부끄러워한즉 반드시 고칠 것이요.
부끄러워할 줄 모르는 사람은 고치기 어렵다."

"가까울수록 예의를 지켜야 한다."
형은 그 말만 해주었습니다.

디카 단상

산에 올라야 하는데 아침에 사용한 디지털카메라가 보이지 않았습니다. 한참을 찾아도 보이지 않아 가만 돌이켜보았습니다. 그러다 한쪽 벽에 잘 걸어둔 카메라를 발견했습니다.
거기다 걸어두고 그렇게 찾아 헤매다니.

우리가 인식하지 못하는 사이
세월은 물처럼 잘 흘러갑니다.
그 물결에 실어 보내야 할 것이 얼마나 많은지!

수시로 잊고 살아야 합니다.
잊고 살아도 사는 데 아무 문제 없습니다.

카메라를 찾아 헤매다 방금 전에 둔 것도 잊어버리는 저를 발견하고서 왠지 흐뭇해졌습니다.
비워버리는 삶을 잘 사는 것 같아서.

따로 또 같이

서종사 연못 옆 쉼터는 기둥이 넷입니다.
그 기둥들을 보고 제가 큰 욕심쟁이인 줄 깨달았습니다.
기둥마다 다른 넝쿨을 심었기 때문입니다.

처음에는 등나무를 심었습니다.
보라색 꽃과 향기 생각만 해도 행복했습니다.
그 그늘에서 머루를 보는 것도 좋을 것 같아
머루나무도 두 그루 심었습니다.
한여름 선홍색 능소화를 어찌 잊겠습니까!
능소화도 심었습니다.
포도나무 넝쿨이 덮이고 알알이 포도가 열리는 것도
보기 좋겠다 싶어 포도나무도 세 그루 심었습니다.

제 욕심은 극에 달했지만 넝쿨들끼리는 문제없습니다.
서로 잘 화합하면서 꽃은 꽃으로 열매는 열매로
도량을 빛내고 있습니다.
지금은 능소화가 한창입니다.

조건이 맞지 않아서

아침 일찍 가볍게 산책을 합니다.
천천히 조심스럽게 흙을 느끼면서 걷다가 달팽이를
만났습니다.
어릴 때 보았던 달팽이와 무당개구리는 왜 없는 것일까
궁금했는데,
없는 것이 아니라 만나지 못했을 뿐이었습니다.

다만 활동하는 시간과 공간이 달라서
조건이 맞지 않아서.

어느 여름날 콩국수

저녁으로 콩국수가 나왔습니다.
국물이 적어 잘 비벼지지 않았습니다.
너무 싱겁고 뻑뻑했습니다.
꾸역꾸역 억지로 넘겼습니다.
마트에서 파는 인스턴트 냉면은 진짜 맛있는데,
그걸 먹었다면 이 더운 여름날 저녁이 행복했을
것인데……
맛없는 콩국수를 먹자니 약이 올랐습니다.

맛없다는 말은 안 하려 했지만
결국 내뱉었습니다.
"맛이 하나도 없네."

날은 덥고
입맛은 없고
소금도 넣지 않고서
……

콩국수를 준비한 정성이 눈에 밟힙니다.
몸을 내어준 콩과 밀에게 면목이 없습니다.
시주의 고마움을 잊게 한 어리석음을 반성합니다.

나무 콩국수불 _()_

새벽 산행

절에 와서 며칠 머무는 아이와 뒷산에 오르기로
했습니다.
일출을 보려면 일찍 서둘러야 해서
강아지 금강이와 함께 새벽 4시 15분에 출발했습니다.

겁 많은 금강이는 제 다리 근처를 떠나지 않습니다.
아이는 십 수 미터 이상 뒤처지곤 하여 기다렸다가 함께
가기를 여러 차례,
중간에 몇 번이나 포기하고 싶다고 말합니다.

한 시간쯤 올라 동이 터올 무렵,
문득 금강이가 쏜살같이 달려 올라갑니다.
곧 멧돼지 소리가 나고
금강이는 멧돼지에 쫓겨 우리 쪽으로 정신없이 달려
내려옵니다.
본능적으로 '이얏!' 하고 소리를 질렀고
다행히 멧돼지는 산속으로 사라집니다.

멧돼지가 달려들면 육박전을 해야만 했던 상황.
금강이 지가 감당 못할 것 같으면 건들지나 말든가
도망갈 거면 다른 쪽으로 가든가 할 것이지
조아질라고 주인한테 오다니.
하긴 갸도 기댈 데라곤 우리뿐이었겠지요.

그렇게 일촉즉발의 상황을 넘기고 나니
아이는 더 이상 힘들다고 처지지 않습니다.

산 정상에는 5시 50분쯤 도착.
구름이 많아 일출은 못 보았습니다.

깔끔한 새벽 산행,
오늘도 성공적인 시작입니다.

관찰의 힘

서로의 주장이 강할 때,
내기를 하면 간단히 정리됩니다.

개울에 평상을 놓는데
도움 주시는 분이 나무에 줄을 매서 평상 다리에 묶으려 합니다.
"어찌 줄을?"
"비가 오면 떠내려갈까 봐서요."
"안 떠내려가니 걱정 마시옵소서!"
그분은 믿음이 가지 않는지 웃기만 하십니다.

내기를 걸었습니다.
평상이 떠내려가면 범일이 3만 원 물고
안 떠내려가면 그분이 3만 원 물어
같이 아이스바 사 먹기.

며칠 후 여름비답게 엄청 많이 쏟아집니다.
흙탕물이 폭포처럼 급하게 내려갑니다.
비 그친 뒤 가보니,
개울에 물은 많았지만 평상은
나뭇잎만 몇 개 얹은 채 그대로 있습니다.

그동안 살펴본바,
산이 깊고 계곡이 넓은 이곳은
비가 오면 물을 잡았다가
한겨울까지 천천히 물을 내주었습니다.

관찰이 생각을 이겼습니다.

빨강 풍경

법당에 새로 단 풍경 소리,
은은하고 깊습니다.
풍경 치고는 덩치가 큰데
덩치 값을 하는 듯 점잖게 울립니다.

"스님, 왜 풍경의 물고기가 빨강이에요?"
"금붕어니까!"
"그럼 앞으로 고래나 상어 풍경도 나오겠네요?"
"고래나 상어로 하려면 웬만큼 커서는 안 되겠는데……
저 금붕어가 수명이 다하면 고래나 상어로 해볼까?"

풍경의 물고기가 금붕어일 수도 있고 고래일 수도 있듯이
딱 하나로 정해진 것은 없습니다.

올챙이 축원

개구리가 일곱 무더기 알을 낳았습니다. 모두 부화를 하여 연못에 올챙이가 가득합니다. 연못에는 물밖에 없는데 올챙이들은 매일매일 잘 자랍니다. 사람 눈에 안 보이는 먹을거리가 그득한지 배곯아 죽는 올챙이는 안 보입니다.

사람들은 겨우내 이곳 계곡에서 개구리를 잡아 갑니다. 개구리 잡는 모습을 보게 되면 부드러운 말로 그만하십사 권하지만, 계곡의 돌들은 자주 뒤집혀 있습니다. 개구리 알이 계곡에서 부화되는 모습을 한 번도 보지 못했습니다.

개구리들이 걱정되어 개구리 연못을 만들었습니다. 모두들 잡기만 하니까 누군가는 기르기도 해야 한다고 생각했습니다.

이제 날이 가면 올챙이들은 개구리가 되어 산으로 들로 개울로 각자의 길을 갈 것입니다. 누구의 먹이가 되기도 하고 누구를 먹기도 하며, 개구리는 세상에서 다가오는 일들을 받아들이며 살 것입니다.

"잘 자라서 연못 밖 세상으로 각자의 길을 잘 가거라."
올챙이를 위해 축원을 합니다.

풀을 뽑으며

비가 밤새 내리고도 그치지 않았습니다. 법당에
다녀오다가 우산을 쓴 채로 풀을 뽑았습니다.

평상시면 뽑기 어려울 텐데 밤새 내린 비 덕분에
땅이 물컹해져서 아주 잘 뽑힙니다. 비가 올 때 풀을
뽑으면 덥지도 않고 벌레도 적게 달려들어 좋습니다.
내친김에 오전 내내 풀을 뽑았습니다. 법당 앞마당이
깔끔해졌습니다.

풀의 입장에 서보았습니다. 한동안 비가 오지 않아 목이
탔으니 오랜만에 내린 비가 반갑기 그지없었을 겁니다.
그런데 웬걸, 사정없이 뽑히는 신세가 되고 말다니…….

우리 삶에서도 좋음과 나쁨이 어디 서로 떨어져
있던가요.

전생이 있나요?

어떤 분이 묻습니다.
"전생이 있나요?"
그분께 물었습니다.
"어제 있었습니까?"
"네?"

오늘까지 산 삶의 결과가 내일이 됩니다.

가 을

지금 해야 합니다

무위순류(無爲順流)

억지로 하려고 하지 말고
인연 따라 흐르는 대로 흘러가자.

바람 불면 바람 속에 있고
비 오면 비를 맞으면서
날이 더우면 더운 대로
추우면 추운 대로.

어찌하겠는가?
바람이 부는 것을
물이 흐르는 것을
계절이 더운 것을
또 추운 것을.

인연이 그렇게 된 것을.

지금

코스모스가 엊그제 핀 것 같은데
지금 9월이니 10월 말까지는 가겠지, 했는데
천천히 감상해도 늦지 않을 거라 생각했는데……
며칠 만에 벌써 꽃잎이 지고 몽우리를 맺었습니다.

눈앞의 코스모스,
언제 비바람에 떨어질지 모릅니다.
세상은 우리에게 인정을 두지 않습니다.
우리가 자기를 여유롭게 돌아볼 짬을 내주지 않습니다.

그러니 지금 코스모스를 봐야 하고
지금 청명한 가을 하늘을 봐야 하고
지금 도반 만나러 떠나야 합니다.

모감주나무

제게는 애용하는 108염주가 두 개 있습니다.

하나는 은사스님께서 믿음의 상징으로 주신 금강주입니다. 어느 날 제게 건네시며 "법당 부처님 앞에 두면 네가 나간 줄 알겠다." 말씀하셨습니다.

또 하나는 모감주나무 열매로 만든 까만 염주입니다. 자주 써서 윤기가 흐르는 것이 볼수록 예쁩니다. 장성의 친구 외할머니께서 옛날 절터였던 그 집 마당에 떨어진 열매를 모아 보내주신 것으로 염주를 만들어 오래 사용하고 있습니다.

서종사가 막 시작했을 때, 그 집에서 모감주나무 묘목을 가져와 심었는데 어찌 죽어버렸습니다. 그 뒤 다시 두 그루를 얻어와 심었는데 지금까지 잘 자라고 있습니다.

그 모감주나무 잎이 노란 단풍으로 예쁩니다. 얼른 자라서 열매가 열리면, 그 열매를 모아 염주를 만들어 주위 분들에게 드리는 생각을 해봅니다. 염주를 받아 들고 저처럼 좋아하실 님들을 생각하니 조금 오래 살아야겠다는 생각이 들어 혼자 웃고 말았습니다.

집착이 생긴 것을 알았습니다. 그런 핑계를 만들어 더 오래 살고 싶다는 생각이 들어와버린 것도 알았습니다.

나무 모감주나무불 _()_

귀는 두개 입은 하나

귀는 두 개이면서도 막을 수 없는 구조로 되어 있고
입은 하나이면서도 닫을 수 있도록 설계되어 있습니다.

옥잠화

옥잠화가 피었습니다.
옥잠화를 보면 범어사 선원에서 보낸 1년이 떠오릅니다.
늘 묵언하면서 고요히 걷던 그 시절,
50분 공부하고 10분 쉴 때마다 뜨락에 핀 깨끗하고
하얀 옥잠화를 즐겨 보았습니다.
고개 숙인 하얀 꽃이, 시선은 방바닥 허공에 두고
이 뭣꼬! 하는 수행자를 닮았습니다.
옥잠화를 볼 때마다 도반들과 고요한 선원이 떠오르는
건 그래서일까요.

우리는 자기가 경험한 세계 속에서 생각하고
살아갑니다.
그래서 같은 것을 봐도 생각이 다릅니다.
산속에 좋은 터를 보고서 목사님은 기도원을, 스님은
절터를, 보통 사람은 별장을 떠올리는 것이지요.
좋은 경험이 중요한 건 이 때문입니다.

오래전 〈친구〉라는 영화를 보았습니다.
잔인한 장면들과 친구도 원수가 되는 상황이 무척
속상했습니다.
어지러운 세상에 휩쓸리면 친구 사이도 원수가 되고
만다는 것을 보여주려는 감독의 선한 의도는 알았지만,
영화를 남에게 권하지는 않았습니다.

하지만 장이머우 감독의 〈집으로 가는 길〉은 많이
권한 영화입니다.
한평생 한결같은 순수한 사랑, 좋은 선생님과 제자들,
하얀 자작나무 숲, 노란 단풍과 한적한 시골 마을 모습이
지금도 행복한 기억으로 저장되어 있습니다.

지금 순간들은 곧 미래의 기억으로 남을 것입니다.
말 한 마디 행동 하나에 좋은 것을 담아야겠습니다.

내 머리 속의 지우개

잠이 오지 않을 이유가 없는데 잠이 오지 않는
때가 있습니다.
이런 날은 뭔가 꼭 알게 되는 것이 있지,
이렇게 생각하며 TV를 켰습니다.
영화가 흘러나옵니다.

27살의 주인공이 좋은 인연을 만나 행복하게 살 날만
남았는데 건망증에 시달립니다.
혹시나 해서 들른 병원, 검진 결과는 알츠하이머.
가까운 기억부터 점점 지워져 살던 집을 잊고,
직장을 잊고, 사랑하는 사람까지도 잊게 됩니다.

영화를 보면서 우리 모두가 무서운 병과 함께한다는
생각을 했습니다.
우리는 고마운 일이나 고운 인연들을 잘 잊습니다.
사랑했던 인연보다 미워했던 인연을 더 오래
기억하기도 하고,

고맙고 행복했던 날들보다 원망하고 후회스러운 날이
더 많은 인생이라고 생각하기도 합니다.
잘한 일들이 많지만 못한 일 한두 가지로
다 덮어버리기 일쑤인 데다,
무엇보다 하루하루, 순간순간이 얼마나
소중한지를 자주 놓칩니다.

투명한 가을날, 빨강 분홍 하양 코스모스가
피어 있는 모습이 신비롭습니다.
쪽빛 하늘에 가벼운 깃털 구름이 흘러가는 모습도
놀랍습니다.

삶이 이런 기적이라는 걸 잊은 채 부질없는
작은 욕심에 휘둘려
멍하니 살아가고 있는 것은 아닌지 돌아봅니다.
이 세상, 조아질라고 온 것인데 말이지요.

주인공

서종사에는 은행나무가 네 그루 있습니다. 두 그루는 처음 절 문을 열 때 와서 지금 서종사의 중심 나무로 자리 잡았습니다.

다른 두 그루는 마을 분이 느티나무 두 그루와 함께 심어주셨습니다. 이미 절에 은행나무가 두 그루나 있으니 필요 없다고 했는데도 굳이 주셨는데, 느티나무가 죽을지도 몰라서 잘 사는 은행나무를 더 주신 것 같습니다.

어느 해인가 예쁜 가을 국화 화분이 들어왔습니다. 겨울이 되자 국화는 시들었습니다. 모든 화분을 방으로 모실 수도 없고, 그렇다고 버리기는 아까워서 해우소 가는 길에 그 국화를 심었습니다. 그랬더니 해마다 가을이 되면 찬란한 노란빛을 발하고 있습니다. 덤으로 온 은행나무도 잘 자라서 샛노랗게 이 가을의 주인공이 되었습니다.

억지로 왔든 덤으로 왔든, 인고의 시간이 지나고 때가 되면 찬란한 주인공이 된다는 것을 알았습니다.

밤을 주우며

어릴 적 집에는 밤나무가 많았습니다. 밤을 거둬서 팔면
살림에 보탬이 되곤 했는데, 특히 추석 전에 영그는 이른
밤나무는 넉넉한 추석을 보내는 데 한몫 거들었습니다.

서종사 둘레에는 밤나무는 물론이고 다른 과일나무도
없었습니다. 그러던 어느 봄날, 제자가 매실나무,
자두나무와 같이 밤나무도 세 그루 심었습니다.
그 작은 묘목에 언제 밤송이가 열리나 했는데 어느덧
자라 올해는 제법 큰 알밤을 만들어주었습니다.
주머니가 불룩해졌습니다.

시간은 우리가 모르게 다가오기도, 지나가기도 합니다.
알밤은 찰나에 나타난 것 같습니다.

밤나무 말씀하기를,
"서두르지 마세요.
할 일 하고 기다리면 되옵니다."

하루

하루 사이에 마당 앞 은행나무 잎이 다
떨어져버렸습니다.
하루 사이에 어찌 이렇게 다 떨어질 수가 있을까요?

하루는
참으로 긴 시간이지만
찰나이기도 합니다.

층층나무

마당 앞 공터를 정리할 때,
"저 층층나무는 꽃도 예쁘고 가지도 고르게 자라 보기 좋으니 보호해주셨으면 합니다."
거사님께 신신당부를 했습니다.

그 뒤로도 가끔 층층나무 칭찬을 했습니다.
겨울에는 가지 끝에 붉은빛이 도는 게 예쁘고, 봄에 잎이 나면 층층이 정리된 모양이 단정하고…….

어느 날 숲길을 산책하고 돌아온 거사님 말씀,
"층층나무 되게 귀하고 좋은 나무인 줄 알았더니 산에 가니까 천지데요! 에이, 스님은 그 흔한 나무를……."

"거사님! 세상에 여자는 많지만 거사님한테는 아내 한 분이 제일 소중하듯이, 산에 층층나무가 지천이라도 마당에 있는 저 나무가 절에는 귀하고 소중합니다."

지금 이 순간
함께하는 사람, 발을 디딘 여기가
소중하고 고맙습니다.

삭발을 자주 하는 이유

학생 시절엔 수염 많은 친구들을 부러워했습니다.
커서도 면도를 한 수염자리가 검은 게 좋아 보였습니다.
남성적인 것 같기도 했고 강인해 보이기도 했습니다.

그렇게 부러워했던 수염이 이제야 조금 많이 나옵니다.
유대인이나 아랍인만큼은 아니지만 면도를 해야 할
만큼은 자랍니다. 원래 많았던 머리칼은 이제 흰색이
늘었습니다.

오래전 은사스님께선 3일이나 5일마다 삭발을
하셨습니다. 10일마다 하는 저로서는 그렇게 자주
삭발을 하시는 이유가 궁금했습니다.
그래서 여쭈었지요.
"어찌 그렇게 삭발을 자주 하시는지요?"
스님은 재미있다는 듯한 미소를 보이며,
"너도 나이 먹어봐라!" 하셨습니다.
저는 당장 궁금한데 스님은 미래로 넘겨버리십니다.

그때로부터 30년 넘게 지났습니다. 이제 은사스님은 사바에 계시지 않고, 제 나이는 은사스님의 그때 나이보다 더 많아졌습니다. 이제는 스님이 왜 자주 삭발을 하셨는지 알고 있습니다.

어제는 젊은 남녀가 절에 오셨습니다. 1년 만에 오셔서는 묻습니다.
"스님, 어디 아프세요?"
하나도 안 아픈데 말이지요.

삭발을 하고 며칠 지나거나 면도를 한 3일쯤 안 하면, 오시는 분들이 제게 어디 아프냐고 물으십니다. 반대로 삭발과 면도를 한 날에 오시는 분들은 저를 보고 안색이 좋다고, 많이 젊어졌다고 하십니다. 아프냐고, 젊어졌다고 하셔도 저는 그대로입니다.

형상 속에서 살아가고 있으니 더 자주 삭발하고 면도해야겠습니다. 잘 보이기 위해서이기도 하지만, 처음 오시거나 모처럼 오신 분들께 근심을 안기는 게 제 본분은 아니니까요.

나를 모른다

원효 스님과 의상 스님이 중국으로 유학 가는 길.
어느 밤, 원효 스님이 잠을 자다 목이 말라 시원한 물을 마셨는데
다음날 아침, 그 물이 해골에 고인 물이었음을 알고 구토를 합니다.
그 순간 원효 스님은 이 세상 모든 것이 마음 작용이라는 것을 깨닫고서 유학 가는 걸 그만둡니다.

의상 스님은 중국에서 공부를 마치고 법성게(法性偈)라는 깨달음의 노래를 지었습니다.
이 노래의 한 구절,

雨寶益生滿虛空
衆生隨器得利益
중생을 이롭게 하는 보배가 허공에 가득한데
중생은 자기 그릇만큼만 이로움 얻는구나.

많은 분들을 만나 보았더니 행복한 분들과
힘든 분들의 차이가 보였습니다.
행복한 분들은 모든 것을 자기 문제로 보고
긍정적으로 생각하며
힘든 분들은 다른 데서 핑계를 찾고 매사
부정적이었습니다.

우리는 자기가 얼마나 신비로운 존재인지를 모르고
삽니다.
그래서 힘든 생각, 걱정, 부정적 말들을 하여
생각하는 대로, 걱정하는 대로, 말하는 대로
삶을 악순환 속으로 끌고 갑니다.

자기를 섬세하게 돌아보아야 합니다.
산책, 좌선, 기도, 명상
이를 통해 신비로운 자기와 만날 수 있습니다.

구절초 계절

어느 절에서 구절초 축제를 한다기에
구절초가 예쁘기는 하지만 축제까지야,
하고 생각했습니다.

몇 년 전부터 절 마당에 구절초를 심었습니다.
스스로 생겨난 구절초도 어울려
제법 무리를 지었습니다.
그 꽃들을 보니
주인공 대접을 받을 자격이 충분하구나,
하는 생각이 듭니다.

우리는 모두 충분합니다.
잘 모를 때는 별것 아닌 것 같지만
자세히 알고 나면 모두
귀하고 빛나는 주인공들입니다.

뒤집어 보기

승복 바지는 앞뒤가 있긴 한데 차이가 없습니다.
앞과 뒤를 바꾸어 입어봅니다.
내복도 뒤집어 입어봅니다.
모자도 뒤집어 써봅니다.
양말도 만날 그렇게 신었으니 뒤집어 신어봅니다.

실수가 아니라 일부러 그런 겁니다.
조금 어색하지만 나름 맛이 있습니다.

가끔 생각도 뒤집어 해봅니다.
재미있습니다.
입장을 바꾸어 생각하면 안 보이던 게 보입니다.

떨어지는 꽃잎은 길을 정해두지 않습니다

방 앞에 하얀 코스모스 한 그루 서 있습니다.
아침에 내다보면 그 옆 물동이에 꽃잎이 하나둘 떠
있습니다.

바람의 인연.
떨어지는 꽃잎은 바람에 몸을 맡기고
땅이든 물이든 가리지 않는구나.

인연의 물결 따라
순하게 흘러가는 삶을 생각해봅니다.

오묘한 조화

단풍 드는 나뭇잎들을 만나러
아침저녁으로 가을 길을 걷습니다.
걸으면 자연스럽게 명상을 하게 됩니다.

길에는 큰 돌부터 자갈과 흙까지
골고루 모여 있습니다.
부드러운 흙이 좋긴 하지만 흙만 있으면
비가 오거나
이른 봄 길이 녹을 때
질퍽거려 많이 불편할 것입니다.

눈을 들어 산을 봅니다.
산은 온갖 나무들로 가득 차 있습니다.
길섶에는 풀과 잡목들이 무성합니다.

초목이든 짐승이든 사람이든, 온갖 다른 것들이
서로 묘하게 어울려 이 세상을 굴리고 있습니다.

가끔 황당한 일로 속상하거나 화가 난다면
워낙이 신비로운 세상이니 다른 게 당연하다고,
그렇게 이해하고 받아들이면 어떨까요?

국화 단상

봄에는
쑥처럼
아무데서나 쭉쭉 삐져나온 국화를,
다른 꽃을 지키기 위해
뽑아서 버렸습니다.

그래도 몇 포기는 남았던 그 천대받던 풀이
가을이 되어 예쁜 꽃을 피웠습니다.
봄꽃들이 사라진 초가을의 도량을
노랗고 환하게 밝혀줍니다.

"사람은 열 번 스무 번도 변한다."
어른들은 말씀하셨습니다.
문제 아이가 문제 어른으로 크란 법 없으며
모범 아이가 모범 어른 되란 법도 없습니다.

내년에는 노란 야생 국화를 잘 돌봐야겠습니다.

오미자 따는 날

"오미자가 잘 익었는데 일손이 부족합니다."
강원도 인제에 계시는 거사님의 호출을 받고
신도분들과 함께 오미자 따러 갑니다.

도착하자마자 바로 오미자 수확에 들어갑니다.
커피 마시며 노닥거리다가는
금방 점심시간이 되어 밥 먹고
밥 먹었으니 잠시 쉬고 하느라
돕기는커녕 방해만 되기 때문이었습니다.

키가 큰 편인 저는 오미자 따는 게 좋습니다.
고추를 따려면 몸을 수그려야 해서
허리가 많이 조아질라고 하는데
오미자 따기는 서서 하니까요.

오전에 한 상자 따고 점심을 먹습니다.
엄나무 순, 호박나물 등 진수성찬입니다.

밥 먹고 이도 닦지 않고 바로 밭으로 직행.
한 상자 반을 더 땄습니다.
전혀 해보지 않은 일이라서 그 정도가 한계,
온몸이 조아질라고 합니다.

서종사로 돌아오는 길엔
밤하늘 초승달을 쫓아 아무리 달려도
달은 기울기만 하고 잡을 수는 없습니다.

어떤 인연이 우리를 이 세상에 태어나게 했을까요.
하루가 훌쩍 다 지나갔습니다.

가을 달밤

늦은 밤 달이 둥그렇게 떠올라 고요히 환합니다.
마당을 보고 마루에 앉습니다.

키가 크고 그늘이 넓게 퍼진 은행나무
그 옆에 단아하고 깔끔한 석탑
탑 모양으로 커가는 편백나무
잘 자라고 있는 층층나무
멀리서 철철 소리 내어 흐르는 계곡 물
조금씩 다른 풀벌레 노래들
선선한 바람 은은한 풍경 소리
달빛과 바람에 몸을 맡긴 채 흔들리는 하얀 코스모스.

이런 밤에 혼자 있으니
한가해서 좋고
고요해서 좋고
외로워서 좋고.

나무 가을밤불 _()_

무주상 보시

무주상 보시란 베풀고는 깨끗하게 잊어버리는 것을
말합니다.
이 말씀은 금강경에서 여러 번 강조한 부처님
말씀입니다.

싸울 때 가장 많이 하는 말이,
"내가 너를 어떻게 키웠는데!"
"내가 당신한테 어떻게 했는데!"

그것으로 우리는 상대를 구속하려 하고,
상대에게 더 대접을 받으려 합니다.

사람들은 자유롭기를 원합니다.
구속하려고 가르치고 기르고 사랑했다는 것을
미리 알았다면 받지 않았을지도 모릅니다.

자연은 베풀되 베풀었다는 표를 내지 않습니다.
비가 내리고, 해가 비치고, 땅에서 자라게 하고, 공기로
숨 쉬게 하고…… 헤아릴 수 없이 많이 베풀지만 그냥
할 뿐.

국수 한 그릇 커피 한 잔 대접할 때
다음에는 그가 사겠지,
라고 기대하지 않는 게 좋습니다.
기대하는 만큼 돌아오지 않으면 실망과 미움이
자랄 수 있습니다.
기대하지도 바라지도 않고 그저 돕고 베푸는 것이야말로
스스로에게 해줄 수 있는 가장 큰 보시입니다.

요즘 도량에는 복수초, 현호색, 천상초, 노루귀,
생강꽃이 활짝입니다.
그 꽃들은 한 번도 제게 감상료를 물리지 않았습니다.
앞으로도 그 꽃들을 편안하게 사랑하고 소중하게
보살피게 될 것 같습니다.

소리 없이 속절없이

문득 떨어지는 나뭇잎을 보면서
초발심자경문 뒷부분이 떠오릅니다.

"옥토끼 오르내려 늙음을 재촉하고
금까마귀 출몰하여 세월을 데려가네.
명예와 재물은 아침 이슬 같고
괴롭고 영화로움 저녁연기와 같네."

마당에 은행잎 노란 등불로 환하더니 이제 땅으로
내려옵니다.
사랑했을 잎들을 모두 떨어뜨리는 모습은 아름답습니다.
산모퉁이 억새꽃도 시들고 있습니다.
산 능선 단풍들은 아래 마당까지 내려왔습니다.
하루하루가 어찌 이렇게 급하게 가는지.

인생에서 큰일은 죽는 일이요,
살다가 누구도 거스를 수 없는 일은

병마와 늙음입니다.
낙엽이 속절없이 지듯 구름이 소리 없이 흐르듯
모든 일은 잠깐 스치는 일일 뿐이라고 생각해봅니다.

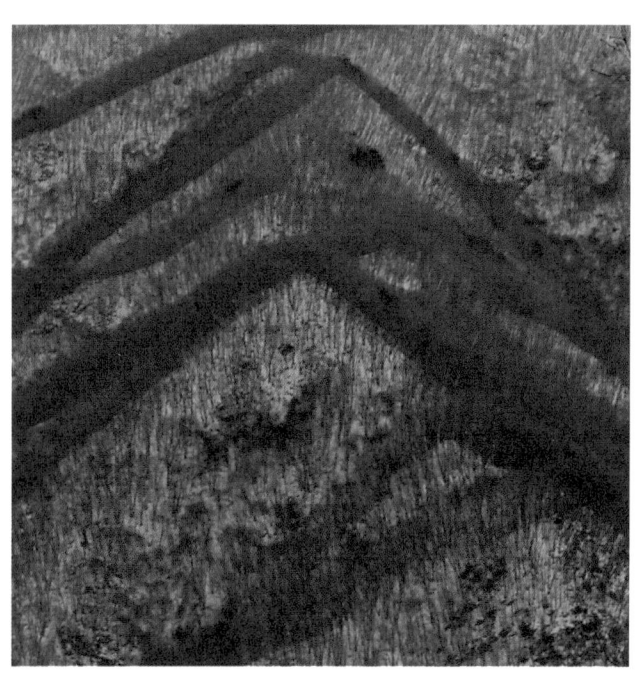

겨 울

다르게 보기

원각도량은 어디인가

1984년 겨울, 해인사 신장경각 선원에서 50여 분의 스님들과 정진하게 되었습니다. 열반하신 성철 스님이 방장이셨고, 뒷날 종정을 하신 혜암 스님과 법전 스님이 그곳에 계실 때였습니다.

삶과 죽음의 큰일을 해결하려 급하고 급하게 서둘렀던 제게 병이 왔습니다. 오톨도톨한 돌기가 솟아 머리가 온통 붉어졌습니다. '상기'라고, 화두를 열심히 들지만 잘못해서 생기는, 공부하는 이들이 한 번쯤 거치는 병이었습니다.

선배스님이 성철 스님께 새로 화두를 받는 것이 어떻겠느냐고 권유했습니다. 화두를 받으려면 삼천 배를 해야 했기에 저와 초참자들 넷이 팔만대장경을 모셔둔 장경각 법당에서 삼천 배에 도전했습니다. 삼천 배가 가까워 올수록 고관절에서 뼈 닳는 소리가 사각사각 났지만 모두 포기하지 않았고, 결국 성철 스님께 새로 화두를 받았습니다.

그 장경각에 이런 주련이 붙어 있습니다.

圓覺道場何處
現今生死卽是
부처님께서 원만하게 깨달으신 그 도량은 어디인가?
지금 살아가고 있는 바로 이곳 이 자리.

겨울이 되면, 해인사 신장경각 선원에서 잠도 자지 않고 머리에 상기가 오르도록, 오직 이것이 아니면 죽음이다, 하고 급하게 서둘던 그때, 눈이 펄펄 날리던 가야산의 하늘이 선합니다.

인생은 장기전

제가 머무는 산에는 이제
낙엽송만 노랗게 있습니다.
나뭇잎이 떨어지고 난
겨울 길목에서 눈부십니다.

사람살이에 못 쓸 것이
소년 출세와 노년 가난이라는 말이 있습니다.
인생은 장기전이므로
늙어서보다 젊을 때 힘들고 어려운 것이 낫습니다.
저 낙엽송도 여름엔
숲의 짙은 그늘 아래서 햇볕 한 줌 더 받으려고
필사적으로 가지를 뻗었을 것입니다.
그렇게 힘겹게 양분을 만들어 쌓아둔 덕에
이 계절을 여유롭게 밝히고 있습니다.

나뭇잎들을 벗어버린 황량한 산에서
유난히 빛나는 낙엽송을 보며 든 생각입니다.

묻지 않으면 말하지 말라 2

지나가던 분이 법당을 참배하고서 한 말,
"법당이 약간 남서향인데 서쪽 계곡 방향으로 앉히지
그러셨어요."

이곳에서 10년 넘게 살면서 수없이 생각한 끝에
법당을 약간 남서쪽 방향으로 세웠습니다. 볼수록 잘한
일이어서 만족스러웠는데 처음 지나가던 이의 그 말에,
법당을 바라보며 빙그레 웃기만 했습니다.

작은 것이 모여

작은 순간들이 모여 하루가 되고,
그 하루하루가 모여 평생이 된다는 생각을 해봅니다.

한 수저씩 먹는 음식이 한 끼 식사가 되고,
그 한 끼 한 끼가 일생을 살게 한다는 생각을 해봅니다.

보통의 인연이 모여 일상이 되고,
그렇게 한 생, 나아가 다음 생이 이뤄진다는 생각을
해봅니다.

지나온 길을 가만 살펴봅니다.
큰 테두리는 제 뜻과 상관없이 차곡차곡 다가왔고,
작은 순간들은 저 스스로 만들어왔음을 알았습니다.

말 한 마디, 작은 만남도 소중히 해야겠습니다.
그저 이 삶을 사랑하고, 살뜰히 마음 살피겠습니다.

종이테이프

몇 달 전이었습니다. 자고 일어나면 입안이 바짝
말라 있었습니다. 며칠을 계속 그러하니 여러 생각이
들었습니다.

'왜 입안이 마르지, 무슨 병이 온 건 아닐까?'
혹 입을 벌리고 자서 그럴지도 모른다는 생각에,
종이테이프를 입술에 붙이고 잠을 잤습니다.

아침에 떼어낼 때 조금 따끔했지만 입안은
촉촉했습니다. 확실해진 것이죠, 입을 벌리고 잤다는
것이.

그렇게 종이테이프를 입술에 붙이고 잠을 자기
시작했습니다. 처음에는 입술 전체에 종이테이프를
붙이고 잤지만, 종이테이프 크기를 점점 줄여서 일주일
후에는 가로세로 1센티미터만 붙였습니다. 이제는
종이테이프 도움 없이도 입을 다물고 잠을 잡니다.

우리 육신과 마음을 조복시키려면
무엇인가가 필요할 수도 있습니다.

나무 종이테이프불 _()_

조아질라고

점심 공양 후 눈을 치우기 시작했습니다. 자동차가 한 대라도 지나기 전에 서둘러 치워야 합니다. 길 반쪽을 쓸고 내려갔다가 올라오면서 나머지 반쪽을 쓸면 됩니다.

절 입구까지 눈을 치우고 나서 다시 반쪽을 치우면서 올라오는데 작은 트럭이 한 대 올라옵니다. 남자 셋이 탔는데 모르는 사람들입니다. 어디 가시는지 물었습니다.
"개구리 좀 잡으러 가는데요."
"그러다 걸리면 벌금이 300만 원이라던데요."

올라가던 차가 멈추고, 한 명이 다가와 말합니다. 자기는 이 동네 살고 있으며, 친구 하나가 서울에 사는데 아파서 약으로 쓰려고 하니 봐달라고 합니다. 개구리 살리고 죽일 권한이 저한테 와버렸습니다. 아무런 대꾸를 하지 않았습니다.

눈을 쓸면서 올라가니 그 차가 내려옵니다.
'에구, 이제 저 사람들은 나를 안 좋게 생각하겠구나. 에효, 이것도 다 조아질라고. 긍정적으로 생각해야지.'

방귀

여름에 법당 문을 다 열고 절할 때는 문제가 되지
않았습니다.
그 현상은 우유를 마시면 나타났습니다.
엎드릴 때 허벅지를 배에 강하게 밀착시키면 배 속
바람이 자연스럽게 밀려 나왔습니다.

그렇게, 누구랑 같이 절할 때 제가 방귀를 뀌면
"아, 스님! ﹀"
불만이 터져 나왔지만
"자연스레 나오는 것을 어쩌란 말입니까?"
하면서 뻔뻔스럽게 굴었습니다.

그러다가,
새로 출가한 행자님과 밤 8시부터 두 시간쯤 매일 절을
하는데 행자님도 뿡! 푹- 하는 것입니다.
으~ 독한 거.
추운 겨울이라 법당 문을 안팎으로 비닐과 뽁뽁이로

빈틈없이 막았는데…….

"행자님 나가서 배출하시오!"
"아직 남은 속세의 독이 빠지느라 더 독한가 봅니다."
"- -;"

제 방귀는 괜찮지만 다른 사람 것은 독하고
자기는 용서가 되지만 남은 안 되고.
수없이 알게 모르게 뀐 방귀들이 떠올라
함께 절했던 분들께 죄송할 따름입니다.

법당 양쪽에서 묵묵히 108배를 함께 하니
행자님이 도반이요 스승이 되고 있습니다.

삐따빠또

"요즘 삐따빠또가 유행이라고? 무슨 과자 이름인가요?"
"아니요. 삐지지 말고, 따지지 말고, 빠지지 말고, 또
만나자."

나이 들수록 편견이 심해지고 자존심이 강해져 삐지기도
잘한답니다. 살아오면서 경험한 것이 많으니 뭐든 잘
따지게 되고, 모임에 나오라 하면 빠지려 하고, 그러다
보면 아무도 부르지 않아 외로워지니…….

웬만하면 매사 양보하고 배려하는, 그런 삶
살아가시기를.

참 흔했던 새

우리 곁에 가장 흔했던 새.
그 새는 모기, 파리, 쥐와 함께 사람을 괴롭히는 4대
해로운 존재로 규정되었습니다. 어느 해, 온 나라 사람이
꽹과리, 징, 장구를 치고 그 새들이 논에 내려앉지
못하게 쫓아버렸습니다. 그해 그 새는 2억 마리 넘게
죽었다고…….

다음 해 농사는 온갖 해충들의 습격으로 흉년이
되었답니다. 연구를 해보니, 그 새들이 쪼아 먹는
벼 알갱이 양보다 새끼를 기르며 잡아먹는 해충의 양이
몇 배나 되었습니다.

지금까지 개체 수가 점점 줄어드는 그 새는 바로
참새랍니다.

며칠 전부터, 아침 동이 틀 때 새들이 노래를
시작했습니다. 산방 근처 틈새를 찾아다니며 둥지 터를

살피고 있습니다. 저 새들도 다 존재하는 깊은 뜻이 있겠지요.

나무 참새불 _()_

밤사이 눈 세상

오후부터 눈발이 날리더니 밤사이 수북하게 쌓였습니다.
온 산 구석구석 새하얀 눈 세상!
사람의 힘으로 할 수 없는 일들을 자연은 가뿐하게
해냅니다.

사람이 할 수 있는 일이 얼마나 될까?
하심(下心)을 해봅니다.

아까워도 버려라

샤워실에 양동이가 세 개였는데 두 개가 더 생겼습니다.
방 안 화분에 물 주는 데 쓰려고 더 들여놓은 것입니다.
가만 생각하다 두 개를 치웠습니다.

찻상에 없던 다리를 만들어 달았더니
새로 생겨난 밑 공간에 무언가 계속 쌓입니다.
보지도 않는 신문, 메모지로 쓸 이면지, 뭔지도 모를
것들…….

찻상 다리부터 떼어냈습니다.
그 아래 있던 것들도 어디론가 사라졌습니다.
마음이 얼마나 시원하고 가벼워지던지.

텔레비전에서 보았습니다.
잡동사니가 산처럼 쌓인 독거노인의 집.
어딘가 쓸모가 있겠지 하고 모으던 것이 그만
집을 쓰레기장으로 만들고 말았습니다.

구청 직원 여럿이 집을 청소하는 데 걸린 시간만 3일.
아이쿠, 남 일이 아니고만.

범일! 모으지 마라.
아까워도 얼른 버려라!
그래야 고요한 공간이 생기는 도다.

거미 수행자

날씨가 추워져 모든 화분을 방으로 모셨습니다.
거미도 화분을 따라 함께 왔습니다.
밖으로 내보내려다가 이것도 인연이려니,
그냥 두었습니다.

며칠째 거미를 보고 있는데
미동도 하지 않고 고요히 있습니다.
좌선 정진하는 수행자같습니다.

가만히 있으니
칼로리 소비가 적어 며칠 굶어도 크게 지장 없는 것
같고,
가만히 있으니
방 주인이 거슬려하지 않아 쫓겨날 염려도 없을 것이고,
가만히 있으니
노느니 염불한다고 명상의 깊은 경지에 이르지 않을까
싶습니다.

오래전 하와이에서

오래전 은사스님을 모시고 당시 하와이에 있던 사형스님을 만나러 갔습니다. 우리를 맞으러 한 불자님이 예쁘고 귀여운 딸아이들과 함께 나왔습니다. 아무 생각 없이 아이들에게 물었습니다.
"엄마가 좋아, 아빠가 좋아?"

그러자 불자님이 얼른 말씀하기를,
"스님, 아이들에게 대답하기 곤란한 질문을 하면 안 됩니다."
잘못된 질문인 줄을 바로 알았습니다.

불자님은 직접 운전하며 이곳저곳 관광을 시켜주었습니다. 저는 가는 곳마다 여기는 우리나라 어디보다 못하네, 저기는 좀 낫네, 하며 비교와 평가를 하곤 했습니다.

훗날 그 불자님이 한국에 오셨습니다. 함께 설악산 신흥사에 갔는데 그분이 여기는 하와이 어디보다 못하다고 비교를 하며, 하와이에서는 맥이 좀 빠졌었노라고 말했습니다.

얼마나 부끄럽던지. 감사만 하고 다녀도 부족했을 터인데 말이지요. 상대방 입장을 좀 더 깊이 헤아리고 말을 조심했어야 했습니다.

여름에는 부족했던 비가 겨울을 재촉하듯 자주 옵니다. 이제 낙엽송 단풍까지도 거의 졌습니다.

바람 불고 삭막한 계절이지만, 곤란한 질문 안 하고 서로 배려하고 욕심 내려놓고 감사한다면, 마음만은 따뜻하게 보낼 수 있겠지요.

다이어트

살이 쪄서 몸이 무거운 것 같아 살을 좀 빼려 했습니다.
가뿐한 제 모습 떠올리고는 즐거웠습니다.
살 빼는 데는 걷기가 좋다기에 그리했습니다.

그렇게 일주일 정도 적게 먹고 많이 걸었습니다.
온몸이 아파왔습니다
배도 너무 고프고 기운도 안 나고 푹 가라앉는 게
사는 것이 아닌 듯했습니다.

에이, 이렇게 힘드느니 차라리 먹자!
초콜릿과 떡, 과자를 먹고
허기에 라면도 두 개나 먹었더니 행복해졌습니다.
몸의 법칙이 이렇게 강력할 줄 몰랐습니다.

즐겁게 먹고, 많이 움직이고, 환하게 웃으면서
건강하게 살 일입니다.
살날이 얼마나 남았겠어요.

길 옆에 길

겨울에는 비가 오고 나면 기온이 뚝 떨어집니다.
그러고서 오는 눈은 빙판길을 만듭니다.
눈을 치우면 괜찮겠지만,
비와 섞인 눈은 무거워서 치우기 어렵습니다.

법당에 가는 길이 새로 났습니다.
평소 다니던 길이 얼어 미끌미끌 위험하니
길옆에 쌓인 눈을 뽀독뽀독 밟고 걸었습니다.
미끄러지지 않아서 좋았습니다.

눈을 밟고 다니면서,
길이 나빠지면 옆으로 길을 내어 다니고
그 길도 나빠지면 다른 길을 내면 되지,
재밌는 생각을 해봤습니다.

거꾸로 달력

어느 해, 절 달력을 받고 몇 분이 묻습니다.
"스님, 달력이 잘못되었어요."
"왜요?"
"겨울 사진은 여름에, 여름 사진은 겨울에, 꽃 사진은 가을에, 단풍 사진은 봄에 가 있던데요."
"아, 예 ^^ 일부러 그렇게 해본 겁니다."
"???"

당연하다 생각하는 것에서 벗어나고 싶었습니다.
새로운 시도를 해보고 싶어 계절의 이미지를 거꾸로 해보았습니다.

계절과 사진이 반대인 달력이 말합니다.
"이럴 수도 있는 거예요."

나태와 타협하지 않는다

산이 붉어지고 있습니다.
가지 끝마다 물이 오르기 때문입니다.
그래서, 물을 더 좋아하는 단풍나무와 층층나무가 더 붉습니다.

온 산에 나무들이 붉어지고 수선화 새싹이 나오기에
봄이 성큼 다가왔구나, 생각했는데
어제처럼 눈보라에 한파가 들이닥치기도 합니다.
봄은 결코 쉽게 오지 않습니다.

기타를 배우고 아코디언도 연습하는데 며칠을 한 번도
연습 못하고 지나가기도 합니다.
발전이 없는 것 같아 때로 실망도 합니다.
그러다가 다시 잠깐
코드 하나라도 연습해야지, 하고서 마음을 기울이면
30분, 1시간이 훌쩍 지나갑니다.

매일 하고 있는 절 540배.
며칠 전엔 나태한 마음이 들어
324배만 해야지, 하고 힘들게 시작했는데
거뜬하게 540배를 했습니다.
법당이 추워서 장갑을 끼고 했었지만 지금은 맨손이어도
좋습니다.
같은 장소에서 매일 하는데 뭔가 변하고 있습니다.

오늘도 절 식구들과 눈이 얼어 미끌거리는 화야산
정상에 다녀왔습니다.
파란 하늘을 배경으로 한 백색 상고대가 신비로운
아름다움의 절정이었습니다.

가끔 갈등합니다.
악기 연습 그만할까?
절하는 횟수를 줄일까?
산도 가지 말고 쉴까?

하지만 나태와 타협해서는 안 된다고 다짐해봅니다.

겨울 다음에 봄

밤에 얼었던 땅과 연못이 낮에는 녹습니다.
아직 겨울이 한창인데 봄기운이 슬쩍 발을 내밉니다.
봄은 꼭 겨울 속에서 옵니다.

지금 더는 버티기 힘들어도
조금만 더, 조금만 더.
오르막을 오를 땐
고개 끝에 다다르기 직전이
가장 힘듭니다.

이제 곧 봄이 내려오려고
이렇게 고생입니다.

봄

물을 거슬러 올라가는

꽃잔디 계단

몇 년 전 한두 포기 꽃잔디를 계단 틈에 심었더니
계단 층층 사이마다 꽃잔디가 자리를 잡았습니다.

조고각하(照顧脚下)
꽃 피는 봄날, 계단을 오르내릴 때는 발밑을 잘 보셔야
합니다.
꽃잔디가 돌 사이마다 예쁘게 피어 있으니까요.

힘의 비밀

작년에 심은 작약 새순이 돋았습니다.
겨우내 단단해진 황토 땅이 도톰하게 부풀더니
기어코 새순이 삐죽 얼굴을 내밀었습니다.

마당을 오가며 하루에도 몇 번씩 지켜본바
초반에는 흙덩이를 지고서 가만히 있는 것 같았습니다.
무거워서 그러나, 걱정했는데
흙을 밀어내고 거뜬히 솟아올랐습니다.
여린 새순의 어디서 저런 큰 힘이 나오는 것일까요?

새순은 생각했을 것입니다.
매일 아주 조금씩만 올라가자.
땅이 아무리 단단해도 조금씩은 할 수 있을 거야.
조금 더 나갈 수 있어도 욕심 내지 말자.
서두르다가 얼어버릴지도 몰라.
밖으로 나가면 따뜻한 해, 바람과 별과 달이 반겨줄
거야.

힘들어도 포기하지 말자.

조금씩 하기,
포기하지 않기.
비밀은 여기에 있는 것 같습니다.

나무 새싹불 _()_

더는 미룰 수가 없습니다

금낭화가 피고
꽃잔디도 활짝이고
앵초도 한창이고
동의나물도 노란 꽃잎을 뽐냅니다.

일 년 내내 기다렸다가 피어난 꽃들입니다.
지금 못 만나고 지나치면
일 년을 꼬박 기다려야 합니다.
그런데 그 시간을 기약할 수 있을까요?

지금 이 순간이
이 꽃들을 만날 수 있는
유일한 때입니다.

지금 이 순간뿐입니다.
꽃을
당신을

부처님 법을
만날 수 있는 때는.

봄밤이 좋아서

산창을 조용히 열고 숲을 봅니다.
달빛 분을 바른 봄밤이 신비롭습니다.

소쩍 소쩍 소쩍
호 호 호 호
쪽 쪽 쪽 쪽
어찌 사람에게만 이 봄밤이 좋겠습니까!

봄밤이 좋아 우는 새소리에 묘한 기분이 들어
봄밤을 생각하는 이 존재를 생각합니다.

새싹이 자라듯이

봄비가 내린 마당을 걷습니다.
단단한 흙을 뚫고 나온 복수초와 상사화 새싹이
경이롭습니다.

매일매일 꽃밭을 살핍니다.
새싹은 처음엔 아주 조금만 빼꼼 나옵니다.
그리고 날마다 아주 조금씩 커갑니다.
흙이 알아채지 못하게 하려는 듯 그렇게 나와서
결국엔 꽃봉오리를 내보내고 활짝 피어납니다.

지난 토요일에는 텃밭에서 냉이를 캐 국을 끓여
먹었습니다.
우리가 모르는 사이 냉이는 나물거리로 자라 있었고,
볕이 드는 곳들은 이미 풀들이 차지했습니다.

사람도 태어나서 그렇게 조금씩 자랐겠지요.
ㄱㄴㄷ을 배울 때가 엊그제 같은데 벌써 대학을

졸업했고,
처음에는 미미하고 어려웠던 사업도 제법 커졌을
겁니다.
이치가 그러하건만 가끔은
욕심에 빠져 급하게 서둘기도 하고
큰 것을 단번에 얻으려 하기도 합니다.

자연에서 가끔 크게 오는 걸 우리는 재앙이라고
부릅니다.
지진, 폭우, 폭설, 해일, 화산 폭발……

혹시 지금 급한 마음 품고 계신가요?
그렇다면,
새싹이 나오듯이
나무가 자라듯이
계절이 바뀌듯이
그렇게 천천히 천천히.

동네 산책

봄이 오는 길목에서 땅이 얼었다 녹았다 하여 길이 질퍽거립니다. 동네 한 바퀴 걸으려고 마당을 돌아서 내려가는데 걷기가 불편합니다.

'오늘 걷지 말고 날 좋을 때 걸을까?'
'아니야, 어찌 좋은 날만 걸어.'
'이보다 훨씬 추워 손발이 시린 날도 걸었는데 뭐가 문제야!'
이렇게 생각하면서 걷기 시작했습니다.

조금 내려가니 꼬독꼬독한 길도 나오고 다시 질퍽하기도 합니다. 이장댁 근처 포장길에 들어서니 걷기를 잘했다는 생각이 듭니다. 포장길부터는 보폭을 넓게 하여 시원하게 걷습니다.

길에서 만나는 개들에게 인사를 건넵니다. 이장댁에 두 마리, 철재 공사 하는 집에 백구 한 마리, 느티나무

옆 구멍가게에 작고 하얀 개 한 마리. 자주 마주치는 이 개들이 장난을 걸기도 하고 짖기도 합니다.

큰 느티나무에 도착해서는 두 팔을 들어 손으로 느티나무에 접속합니다.
"족히 400살은 되었을 느티나무님. 이곳에서 긴 세월이 지나도록 변함없이 그늘을 드리우고 자리를 지켜주어 고맙습니다. 저와 교감한 인연으로 더욱 행복한 나무님이 되시기를. 저도 부처님 진리를 널리 펴 세상을 행복하게 하겠습니다."

돌아오는 길은 오르막입니다. 땀도 나고 다리도 팍팍합니다. 그래도 꾸역꾸역 걸어서 절에 도착했습니다. 두 시간쯤 지났네요.

아침부터 황사로 하늘이 뿌옇습니다.
'비가 오려면 시원하게 내리고, 아님 볕이 쨍쨍 날 것이지······.'
하지만 어찌 까탈스럽고 고집스러운 제 기분을 맞추는 날만 있겠습니까.

오늘처럼 하늘이 뿌연 날을 당연하게 받아들입니다.

기분 좋게 하루가 마무리되고 있습니다.

연못에서 본 것

마당에 연못을 팠습니다.
그 안에 금붕어도 몇 마리 놓았습니다.
심조연(心照淵), '마음을 비추는 연못'이라 이름 붙이고
오고 가며 거울 삼아 들여다보고 있습니다.

지난겨울, 심조연에 얼음이 두껍게 얼었습니다.
분수를 만들어 두었더니 얼음이 산처럼 자랐습니다.
오시는 분마다 염려하셨습니다.
"금붕어는 괜찮을까요?"
별일 없을 것 같았지만 조금은 걱정되었습니다.

겨울이 지나고 쌓였던 얼음이 무너지니
얼음 아래 세상이 보였습니다.
가득한 물속에 금붕어가 헤엄치고 있었습니다.

봄바람에 걱정도 녹아내렸습니다.
걱정하지 않아도 될 일이었습니다.

아, 그 꽃

한 달 전쯤부터 봉오리가 올라오고
새 봄, 세상 꽃 중에서 제일 먼저 피기 시작하니
모두들 그를 보면 반가워하고 예뻐하기에 여념
없습니다.

어제, 햇볕이 밝게 비치니
노란 꽃들이 활짝 피었습니다.
어디서 왔는지 작은 꿀벌 몇 마리 부지런하게
왔다 갔다 합니다.

이제 더는 아무도 그 꽃을 새로워하지 않습니다.
그저
꽃이 활짝 피었구나,
거기까지입니다.

잠깐 나가더라도

아침 공양을 하고
방으로 돌아와 이를 닦고 나서
꽃과 나무에 물을 줘야겠다,
그렇게 생각하고
슬리퍼를 신고 공양하러 나왔습니다.

공양 후 연못을 둘러보고 가볍게 마당을 걷다가
새로 심은 사과나무, 작약 밭, 금낭화, 살구나무,
금꿩의다리까지 둘러보며 풀을 뽑고 물도 주다 보니
10시가 되어버렸습니다.
슬리퍼를 신은 채로 두어 시간 일을 해버린 것입니다.

이제 잠깐 나가더라도
해우소를 다녀올지라도
운동화를 챙겨 신으려 합니다.
또 어떤 일을 한참 하게 될지 모르니까요.

마당에는 층층나무 가지가 우산처럼 넓게 퍼져 보기 좋습니다.
포기를 나눠 심어둔 해당화는 꽃을 많이 피웠습니다.
아까시꽃도 한창입니다.

엄나무의 수난

해마다 잎이 피는 계절이면
엄나무는 수난을 겪습니다.
작은 가지는 가지대로 큰 몸통은 몸통대로
뎅겅 잘려나간 엄나무가
뒷산에 자주 보입니다.

그렇게 인정사정없이 잘려도 엄나무는
포기하지 않고 새 순과 가지를 냅니다.
한숨 돌리기라도 한 듯
초록 잎과 연한 가지를
힘껏 하늘로 뻗습니다.

뾰족한 가시를 내놓은 엄나무 말하기를,
"정말 화났거든요. 더는 괴롭히지 마세요!"

책상 위에 두고서

며칠 전 여성 두 분이 절에 오셨습니다.
마침 법당 기도 시간이어서
공양주님이 주소와 전화번호를 받아두셨습니다.

절에서 함께 공부도 할 수 있다 하셨다기에
연락을 드리려고 메모를 찾는데 보이지 않았습니다.
분명 공양 시간에 받아 호주머니에 넣었는데 어느
옷에도 없고.
이런 일을 만들다니 반성에 반성······
주머니와 책상 위, 쓰레기통까지 뒤지기를 몇 번,
그러다 노트랑 메모지 뭉치 사이에서 찾았습니다.

봄을 만나러 온 세상을 다녔으나 못 만나고 집으로
돌아와
울타리에 노랗게 핀 개나리를 보고서
봄은 이미 집에 있었다고 말하는 어느 시인.

부처를 찾아 수년간 객지를 떠돌다
이불 뒤집어쓰고 맨발로 뛰어나오는 사람이 부처라는
스님 말씀에
차가운 겨울, 춥고 배고프고 기진맥진하여 집으로
돌아오니
애타게 기다리던 어머니가 이불을 둘러쓰고 맨발로
뛰어나오는데,
그토록 찾아 헤매던 부처가 집에 계신 어머니였음을
깨달았다는 어느 청년 이야기.

마음 밖에 부처가 없다고 했건만 부처를 찾아 수십 년을
밖에서 떠도는 사람들.

책상 위를 깨끗하고 환하게 비워둘 일입니다.
집 안팎을 청소하고 봄꽃을 심을 일입니다.
그래야 멀리 나가지 않아도
지금 여기 있는 부처와 봄을 만날 수 있을 테니까요.

잘 알지도 못하면서

산을 빠르게 점령하여 토종 생태계를 파괴하는 나쁜 나무로 알고 있었습니다. 그런데 오해였다네요.

알고 보니, 헐벗은 산에는 그만한 나무가 없다고 합니다. 콩과 식물이어서 땅을 거름지게 만들고, 얼른 자라 드리운 그늘에선 여린 싹들이 땡볕을 피해 쉬고, 다른 나무가 자라면 자리를 비켜준다고 합니다.

그뿐입니까? 향기는 또 얼마나 좋은지, 우리가 다 아는 노래에 주인공으로 등장했을 정도입니다. 꿀도 많이 품고 있어 양봉 농가에는 없어서는 안 되는 귀한 나무라고 합니다.

바로 아까시나무 이야기입니다. 흔히 '아카시아나무'로 알고들 있지만 이 둘은 엄연히 다른 종이라네요.

아까시나무가 둘러싸고 있는 도량은 봄이 되면 아까시꽃 궁전이 됩니다. 낮에는 눈이 행복합니다. 깊은 밤과 이른 아침엔 향기가 온 천지를 채웁니다.

이런 고마운 아까시나무가 그동안 얼마나 섭섭했을까요. 잘 알지도 못하면서 미워만 했습니다.

우체통 세입자

얼마 전 우체통을 열었더니 새알이 하나 있었습니다.
작은 새가 우체통에 살림을 마련했습니다.
모르는 사이 세입자를 들이고 말았습니다.

며칠 후 다시 보니 알이 네 개입니다.
이제 그만 낳고 알을 품으려나?

오늘 아침 산책 중에 가만 열어 보니 새가 푸드득
날아갑니다.
알은 다섯 개 있습니다.
우체통 가장 안쪽에 둥지를 지었지만,
그래도 걱정이 됩니다.
우편물에 깔려 알이 깨지지는 않을까,
나중에 새끼 새들이 다치면 어떻게 하나.

"새가 살고 있으니 우편물은 우체통 아래 바닥에"
이렇게 써서 붙였더니 안심이 됩니다.

여의주

여의주란 무엇인가요?
같을 여(如), 뜻 의(意), 구슬 주(珠)
뜻대로 이뤄내는 구슬.
용이 물고 있는 것만이 여의주일까요?
우리는 누구나 신비로운 여의주를 품고 있습니다.
바로 마음,
우리의 마음이 이미 여의주입니다.

잘 보세요.
부정적이고 해로운 마음을 품으면 삶이 어두워집니다.
삶이 정말 힘겨워서 그런 게 아니고 그런 생각을 해서
그러는 수가 더 많습니다.
반대로, 세상을 이롭게 하려는 마음을 품으면 삶이
밝아집니다.
뜻대로 삶이 시시각각 이뤄지고 있습니다.

여의주, 어떻게 쓰시겠습니까?

다락 속 보물들

방에 둘 곳이 없는 물건들을 다락으로 올리곤 했습니다. 그렇게 올려두고 까맣게 잊은 지 10년도 더 지난 어느 날, 이런 생각이 들었습니다.
'내가 세상을 작별하면 다락 치우는 일을 남에게 맡기고 말겠구나!'
다락을 치울 때가 되었습니다.

다락에 올라가 하나하나 물건을 내렸습니다. 버릴 것이 많았습니다. 그러던 중 먼지를 뒤집어쓴 액자들이 나왔습니다. 걸레로 먼지를 닦았습니다. 가려 있던 그림이 모습을 드러냈습니다.
'누가 그렸지? 준 사람은 누구였지?'

비어 있던 큰 방 벽에 그림들을 걸었습니다. 자리를 잡자 그림은 작품으로 다시 태어났고 큰 방은 미술관이 되었습니다.

우리에겐 다락이, 창고가, 상자들이 있습니다. 그곳을 열어보세요. 어쩌면 있을지도 모를, 아니 분명히 들어 있는 보물을 꺼내 깨끗하게 닦아 잘 보이는 곳에 두고 오가며 늘 바라보세요.

보이지 않거나 보지 않으면 멀어집니다.

조심조심

오래된 한옥의 키 낮은 방에 들어가다가
문상방에 머리를 부딪쳤습니다. 꽝!
얼마나 세게 부딪쳤는지 눈물이 찔끔 나왔습니다.
진물이 흘러 모자 밖으로 배어 나왔고
3일 동안 머리를 못 씻었습니다.

문상방이 낮은 방에 들어갈 때는 머리를 숙여야 합니다.
도량에서는 여린 꽃대를 밟지 않도록 걸음을 조심해야 합니다.
산에 다닐 때는 말벌을 주의해야 합니다.

어디를 가든 늘 조심해야 합니다.

지나가고 있습니다

해우소 가는 길목에
눈물꽃(쪽동백)이 떨어져 눈처럼 쌓였습니다.

우리가 잠시 옆을 보고 있을 때
꽃은 가운데 길로 지나가고 있습니다.

뒤로 갈 수 없는 삶

"허무로다! 한 말씀 남기시고 그토록 집착하던 이생을
놓고 가셨습니다."

요양원에서 모시고 보호하던 분이 떠난 후
지인이 보내주신 쪽지입니다.
꽃들이 화려하게 피어나고
산과 들이 연둣빛으로 빛나는 계절에
세상과 작별하셨습니다.

무엇 때문에 그토록 앞만 보고 달려왔을까요?
뒤로 돌아갈 수 없는 단 한 번뿐인 삶을.

소중한 삶,
후회와 아쉬움 없이 살다 가면 좋겠습니다.
인색했다는 말 대신 '덕분'이라는 말 들으면 좋겠습니다.
참 좋은 사람이었는데, 하고 아쉬워하는 이 있으면
좋겠습니다.

양평 여행

돌이켜 보면 부처님 법으로 만나 33년 한결같이 이어온 아름다운 인연입니다. 인연 불자님은 부산에서 양평까지 어머니를 모시고 며칠 머물려고 오셨습니다.

여든셋이신 보살님과 용문사 은행나무에 맨 먼저 들렀습니다. 신라와 고려를 거쳐 지금까지 살아온 큰 나무 아래에 서니, 모두 겸손해졌습니다.

용문사를 나와 두물머리로 향했습니다. 고요한 강물 위를 스치며 물오리 몇 마리 줄지어 날아갑니다. 해질녘이 되니 팔당호 한가득 운길산이 평화롭게 몸을 맡깁니다.

꽃들이 피고 산이 연둣빛으로 물들 때면, 세상의 고단함 잠시 접어두고 물이 넉넉한 양평 한 바퀴 돌아보시길 권합니다. 운길산 수종사에도 꼭 들르시고요. 수종사에서 내려다보는 두물머리는 남한 최고의 절경이라 해도 좋습니다.

그 소풍 끝에 제가 머무는 산방에 들르시면, 담백한 잎차 한잔 나누겠습니다.

통과통과

보내고 비우기

통과통과

큰길에서 교통사고가 나면 바로 길이 막힙니다.
바람이 불지 않으면 공기가 탁해집니다.
혈관이 막히면 몸에 마비가 옵니다.

정신도 마찬가지.
고정관념에 묶여 있으면 누구와도 대화가 되지 않습니다.
자기 자신을 스스로 괴롭히게 됩니다.

어디에도 머물지 말고
어떤 것에도 묶여 있지 말고
통과시켜야겠습니다.

삐지지 말고
꽁하지 말고
통과시키세요.

그래서

통과통과!

전봇대 법문

사진에 취미가 있습니다. 봄꽃 피는 들녘도 찍고, 선운사 동백도 찍고, 코스모스 흔들리는 길도 찍고, 하늘에 떠 있는 구름도 찍었습니다. 그러는 사이 전봇대나 전깃줄이 들어간 풍경 사진은 어색해 보인다는 걸 알게 되었습니다.

서종사로 들어오는 길에는 전봇대가 없었습니다. 풍경이 자연스럽도록 땅속에 관을 묻고 그 안에 전선을 깔아 전기를 끌어왔기 때문입니다. 그런데 어느 날 전봇대 몇 개가 세워지더니 절 가까이까지 올라왔습니다. 근처 밭 주인이 농사용 전기를 끌어왔습니다.

처음에는 속이 상했습니다. 전봇대 없이 전기를 쓸 수 있도록 하려고 들인 비용도 비용이지만, 풍경이 망가졌다는 아쉬움이 컸습니다. 하지만 밭 주인을 생각하니 너무 당연한 일이었습니다.

스스로에게 물었습니다.
'범일, 이 골짜기 땅이 모두 그대 것인가?'
전봇대 때문에 속상한 것은 욕심의 생각이었습니다.

그때 떠오른 말씀,
"극복할 수 없으면 즐겨라!"
큰길에서 절까지는 1.5킬로미터이고 그중 비포장
흙길이 1킬로미터입니다. 오시는 분들이 '외진 비포장길
끝에 절이 있을까?' '차를 돌릴 곳은 있을까?' 많이
걱정하셨다는 말씀이 떠올랐습니다.

좋은 말씀을 전봇대마다 붙였습니다. 이제는 절에
오면서 들고 나는 걱정을 한다는 분이 안 계십니다.
대신, 전봇대에 걸린 글들을 읽다 보니 어느새 절이더라,
하고 여러 분이 말씀하십니다.

극복할 수 없으면 즐겨라!

나무 전봇대불 _()_

그림을 그리는 마술사

화엄경에 이런 말씀이 있습니다.

"마음은 능숙한 화가와 같아서 갖가지 그림을 그려내니, 세상 모든 것 마음이 만들어내지 않은 것이 없다."

우리는 자기 생각대로 그림을 그려놓고 그 속에 들어가 삽니다. 그러면서도 그 삶이 자기 생각의 결과인 줄을 모르고 사는 이가 많습니다.

미리 걱정하지 말고 부정적으로 생각하지 말아야 하는 이유 역시, 삶이란 생각대로 되기 때문입니다.

삶이라는 그림은, 우리가 보고 듣고 배운 것 속에서 그리게 됩니다. 그러니 좋은 것을 보고 듣고 배워야 합니다.

흰 도화지에 상상하는 것이면 무엇이든 그릴 수 있듯,
우리 삶도 무한하게 뻗어 나갑니다. 작은 암자에서
고요하게 살아가는 그림을 그렸는데 생각보다 더 좋은
그림이 되었습니다.

좋은 그림을 그리고 싶은가요?
그러면 고요하게 앉아 명상하는 시간을 가져보세요.
우리 안에 있는 좋은 그림이 모습을 드러낼 것입니다.

부처님 말씀 일체유심조!
모든 것은 생각대로.

마음은
지금 이 순간도 작업 중입니다.

흉주머니

불자님들끼리 대화하는 걸 들었습니다.
사람은 누구나 흉주머니를 달고 사는데
등에 붙어 있어서 자기만 볼 수 없답니다.
남들은 볼 수 있지만 말해주지 못한다네요.

말해봐야 듣지 않을뿐더러
화를 내기 일쑤라나요.
충고가 필요한 사람일수록
충고를 싫어한다고도 합니다.

오늘은 제 등에 붙어 있다는
거울로는 볼 수 없는
육안으로는 보이지 않는
흉주머니를 찾아 열어봐야겠습니다.

안심하세요

잘 잃어버립니다.

잘 둔다고 두었는데 어디에 두었는지 생각이 안 나 산방 구석구석 살피기를 여러 번 해도 결국 찾지 못하고 포기한 적이 얼마나 많은지 모릅니다. 그럴 때마다 이런 생각이 듭니다.
'나이가 들어서 그런가?'

그런데 오래 지켜본바, 저만 그러는 게 아니었습니다. 신발을 바꿔 신고 가는 분이 있는가 하면, 겉옷, 장갑, 귀마개, 휴대폰, 가방, 염주까지 갖가지 것을 두고 가는 분들이 많이 계십니다. 나이 지긋한 분만 그러는 것도 아닙니다. 아이부터 노인까지 물건 잃어버리는 건 누구에게나 평등하게 일어납니다.

안심하세요.
빠뜨리고 잃어버리고 하는 게 우리입니다.

그러니 평상시 하던 대로 하시고 평소에 두던 곳에 두세요. 따로 잘 두려 하지 말고.

잘 잃어버리고 잊어버립니다.
누구나 그러고 있습니다.

적자생존

"적자생존이 뭔지 아세요?"
"헐~ 어찌 그런 말씀을 물으시다니?"
"적는 자가 살아남는다는 뜻이래요. :)"
"네에? 아!!!"

좋은 아이디어나 중요한 일정을 종종 잊으시죠? 그래서 메모를 해야겠다, 생각하지만…….

본래 적자생존(適者生存)이란 '적응하는 자가 살아남는다'는 뜻. 자꾸 잊어버리는 자에겐 메모야말로 적자생존의 비책!

늘 가까이 메모지와 펜을 두고 수시로 적습니다. 얼마나 든든한지 모릅니다. 적자생존이니까요.

그때 가서 볼게요

신도1 : "(스물세 살 새댁 때) 애들 다 키우고 나이 먹으면 꼭 스님 절에서 공양주 하고 싶어요. 그때 받아주실 거죠?"

신도2 : "6년쯤 후에 오겠습니다. 지금은 제가 너무 바빠서요."

신도3 : "정년퇴직하면 스님 절에서 봉사하고 싶어요."

신도1은, 20년이 지나 애들 다 길러 군대도 보내고 약속한 날보다 10년이 더 지났는데도 못 오고 있습니다.
6년쯤 후에 오신다던 신도2는 아직도 바빠서 못 오고, 정년퇴직하면 오신다던 신도3은 새로 시작하신 봉사활동이 언제나 끝날는지…….

제행무상(諸行無常),
모든 것이 항상 변합니다.
누가 먼 미래를 약속하거든 이제는 말합니다.
"그때 가서 볼게요!"

버렸습니다

35년 전, 2년간 은사스님을 모실 때 많은 것을
배웠습니다. 그중 하나가 아껴 쓰는 습관입니다.

스님께서는 우편물 봉투 하나도 그냥 버리지
않으셨습니다. 잘 펴서 메모지로 사용하셨습니다.
그 모습이 좋았습니다. 저도 우편물 봉투뿐 아니라
포장지, 달력 등 깨끗한 종이를 메모지로 쓰려고
모아두었습니다.

그런데 그 종이 뭉치는 자꾸 이사만 다닙니다. 방을 치울
때마다 이리저리 자리만 옮겨 다닐 뿐, 제가 메모지로
쓰는 일은 없었습니다. 스마트폰 메모장에 적으면
편리하니 굳이 종이를 쓸 필요가 없는 것입니다.

오늘 버렸습니다. 깨끗한 종이가 아깝기는 하지만 어디
마음 깔끔한 것에 비할 수 있겠습니까!
종이를 버리면서, 또 무엇을 버려야 하는지 살핍니다.

나비

길에서 만난 새끼 고양이를 산방에 데려와 함께 지내고 있습니다. 이름은 '나비'입니다.

나비는 주방에 들어와서 똥을 누고, 먹을 것이 들어 있는 비닐봉지를 찢기도 했습니다. 그래서 밖에서 살게 했습니다.

어느 겨울밤, 양손에 무엇인가를 들고 주방에서 나오려 문을 여는데 나비가 그 순간을 놓치지 않고 열린 문틈으로 머리를 디밀었습니다. 들어오지 못하게 해야겠다는 급한 마음에 발로 막고 나비를 바깥으로 밀어냈습니다.

방에 돌아와서는 어찌나 미안하든지……. 그런데 다음날부터 나비가 보이지 않았습니다.

매일 속이 상했습니다. 바깥에서 살아온 나비이니

별일이야 있겠냐 싶었지만, 야박하게 내친 게
후회되었습니다. 새벽에 도량석을 돌 때는 나비가
돌아오기를 바라며 마을까지 들리도록 목탁을 쳤습니다.
'나비야, 화를 풀고 돌아오렴.'

그렇게 한 달여를 기다리던 어느 날, 오전 법회 중
메모가 올라왔습니다.
"스님, 나비가 돌아왔습니다."
법회가 끝나자마자 옷 갈아입는 것도 잊은 채 한달음에
주방으로 달려갔습니다. 담담하고 무표정한 얼굴로
나비가 저를 바라보았습니다. 언제 무슨 일 있었느냐는
듯이 말이죠.

지금은 주방 구석에 나비 화장실도 만들어두었고,
먹이도 넉넉히 주고, 자주 안아주고 쓰다듬으며 나비와
살고 있습니다.

있을 때 잘하고, 인연이 되어 간다면 그때
잊어야겠습니다.

만덕이 떠나던 날

노랑 옷을 입은 만덕이는 2001년 초봄, 도량을 시작할 때 왔습니다. 부산 만덕동에 있는 만덕별장 식당을 하는 불자님 댁에서 데려왔기에 만덕입니다. 낯선 사람이 올 때 꼭 짖어주어서 고마웠고, 다른 생명을 해하면 미웠습니다.

만덕이와 함께 14년을 살았습니다. 사람 인생으로 치면 98년 동안 함께한 것이죠. 만덕이는 서서히 사바의 몸을 버릴 준비를 했습니다. 작년부터 부쩍 노쇠한 모습을 보이더니 얼마 전부터는 잘 일어나지도 먹지도 못하고, 몇 번을 불러야 겨우 귀만 움직였습니다. 뒷다리를 거의 움직이지 못했고 배가 불러왔습니다. 오래 함께한 몸을 버리기가 그렇게 힘들었을까요. 떠나기 하루 전에는 아침부터 종일 짖으며 울었습니다.

그런 만덕이에게 달리 해줄 일이 없었습니다. 물을 가져다주고, 우산으로 뜨거운 해를 막아주고, 파리 떼를 쫓아주고, 고마웠다고 머리를 쓰다듬어주는 일밖에는.

만덕이가 떠나던 날, 법회를 하는데 평소와 달리 많이 힘들었습니다. 봉지 커피도 마셔보고 명상을 해보아도 자꾸 몸이 가라앉았습니다. 점심때가 지났을 무렵, 만덕이가 갔다는 메모가 왔습니다. 14년을 한결같이 절밥 먹으며 풍경 소리, 염불 소리 다 들었을 우리 만덕이가 쌀쌀해지는 시월의 첫 일요일에 세상을 떠났습니다.

저녁이 되고 산사가 고요해지니 만덕이와의 작별이 크게 다가옵니다. 가슴 밑바닥에서 무언가가 올라옵니다. '만덕아, 고맙다. 평생 절에서 보고 듣고 한 인연으로 부디 좋은 몸 받으려무나.'

보아서 병이 생겼습니다

동네에서 조금 떨어진 우리 집은 공동우물이 멀어서 따로 샘을 파야만 했습니다. 집 근처 산골짜기들이 모이는 곳을 호미로 파다 물이 고이는 걸 본 어머니는 그곳에 우물을 만드셨습니다.

울창한 산속에 있던 우물에는 늘 개구리가 몇 마리씩은 있었습니다. 가끔은 지렁이가 빠져 있기도 했고, 뱀이 지나갈 때도 있었습니다. 우리 식구들은 뱀이 지나가는 것을 보면 물을 다 퍼내곤 했습니다.

산방에서 고요하게 명상을 하던 어느 날, 그 우물이 생각났습니다. '뱀은 우리 눈에 띈 그때만 지나간 것일까? 우리 식구가 곤히 잠들었을 때는 어떤 손님들이 우물을 방문했을까? 눈으로 보아서 병이 생겼구나!'

작은 깨달음에 미소를 지었습니다.

면도기

제가 출가했던 시절, 스님들은 양날 면도기를 써서 서로 머리를 깎아주었습니다. 그러다 머리를 베이고 피를 흘리는 일이 자주 있었습니다.

요즘 저는 일회용 면도기를 쓰는데, 머리를 깎다가 살을 베이는 일이 거의 없습니다. 얼마 전 보니 면도기 남은 게 없어서, 절에 오시는 분께 부탁했습니다. "일회용 면도기 열 개만 사다 주세요."

그런데 열 개씩 열 묶음, 백 개나 사 오셨습니다.
"우와! 왜 이렇게 많이 사 오신 거예요?"
"열 개라고 하셨잖아요."
"……"

그분은 일회용이니까 한 번 사용하고 버리는 줄 알았답니다. 한 번 사용하고 버리기도 하지만 저는 하나를 3개월 정도 씁니다.

경험이 다르고 생각도 다르니
말이 이렇게나 다르게 나타납니다.

어머니와의 이별

어머니가 돌아가셨다는 연락이 왔습니다. 아흔이 넘도록 건강하게 지내셨고, 주무시다 돌아가셨다고 합니다. 어머니 가시는 길을 배웅해드리러 고향에 갔습니다.

가물거리는 기억 속 인연들이 모두 오셨습니다. 어릴 때 같이 놀던 사촌들과 웃어른들을 비롯한 친척들…… 참 많이 오셨습니다. 아버지가 육형제 가운데 태어나셨으니 얼마나 많겠습니까!

40여 년 만에 저를 알아보고 악수를 건네는 분도, "너 ○○○ 아니냐?" 하고 부르는 고향 친구들과 동네 어른들도 어제 만났던 것처럼 반갑게 맞아주었습니다.

출가한 이래 고향 일은 물론이고 집안 행사를 알지도 못했고 참석도 한 번 못했는데, 편안하고 넉넉한 마음으로 뵈었습니다.

비록 출가했어도 고향에 어머니가 계셔 넉넉했습니다.
해마다 한두 번은 뵈었고 전화기 건너로 안부를
여쭈었습니다. 그 어머니가 세상을 툭툭 털고
떠나셨습니다. 이제 어머니께 전화도 걸지 못합니다.

어머니를 보내드린 아름다운 이별의 축제. 오랜
인연들이 모여 조용히 그리움을 나누었습니다.
어머니, 고맙습니다.

절 소식

이제 법통이는 저 아래에서 올라오는 발소리나 차 소리를 듣고서 미리 컹컹 짖습니다. 밤에 법통이 짖는 소리를 듣고 내다보면 여지없이 차량 불빛이 올라옵니다.

작고 하얀 강아지 신비와 로운이는 예방접종도 빠뜨리지 않고 먹이기도 잘 먹였더니 얼마나 튼실하게 자랐는지 모릅니다. 손으로 들어보면 무게가 예사롭지 않습니다.

닭들은 하루 다섯 개의 알을 낳습니다. 처음에는 하루에 한두 개만 낳는 줄 알았는데, 동네에서 닭을 기르는 분이 일러주기를 까마귀가 달걀을 훔쳐 간다네요. 어쩐지 까마귀들이 닭장 근처에 진을 치고 있더라니……. 수시로 훠이훠이 쫓아보지만 영리한 까마귀는 도망가는 척만 하고 멀리 가지는 않습니다.

나비와 야생이도 잘 지내고 있습니다. 나비는 지금도 가끔 멀리 나갔다 오는데 야생이는 집 안에만 머물고 있습니다. 나비는 야생이를 후계자로 점찍은 듯합니다. 자주 함께 다니며 무언가를 가르치는 모양새입니다.

온 방을 그윽한 향기로 장엄하던 풍란은 어제까지도 괜찮더니 이제 시들었습니다. 그러기 전에 아마릴리스 빨강 꽃이 방 안을 열정으로 가득 채웠습니다.

계절도 이제 많이 풀려서 걷기도 좋고 손도 덜 시립니다. 눈도 잘 녹고 있습니다. 이렇게 녹았다 추웠다 하다가 봄이 오고야 말겠지요.

정월도 설날도 한참 남은 계절에 절 소식 전합니다.

•
정정
몇 달 후 보니 야생이는 나비의 후계자가 아니라 애인이었습니다. 봄에 아기 고양이를 여섯 마리나 낳았거든요.

법통이의 외출

대중이 많은 큰 절에서는 방범 시스템을 잘 구축해 둡니다. 하지만 서종사 같은 작은 절에서는 그러기 어렵습니다. 그래서 개들과 함께 삽니다. 자유롭게 풀어두지는 못하고, 대신 울타리를 넓게 쳐주었습니다. 그중에 법통이가 있습니다.

법통이는 울타리를 교묘하게 잘 빠져나갑니다. 가끔 밖에서 사고를 치는데, 그러면 벌칙으로 법통이를 줄에 묶어둡니다. 하지만 그것도 잠시. 법통이가 우울한 듯 푹 엎드려 있으면 결국 또 풀어주고 맙니다. 범일은 법통이를 절대 못 이깁니다.

법통이가 가출한 지 보름이 되었습니다. 도량 안에서 맘껏 뛰어놀라고 풀어주었는데 허락도 없이 또 나갔습니다. 주위의 누구도 법통이를 못 보았다 합니다. 법통이는 왜 돌아오지 않을까요? 이성 친구를 만났을까요? 덫에 걸렸을까요? 그도 아니면 누구에게

잡혔을까요?

사고를 당했거나 해도 어쩔 수 없습니다. 오면 오는 대로 같이 살고, 안 오면 또 그런 대로 받아들이는 수밖에.

●
알림
법통이는 결국 집으로 돌아오지 않았습니다.

새로 온 만덕이

만덕이가 작년에 가고, 법통이는 두어 달 전 밤에 나가서 돌아오지 않습니다. 작은 개 신비와 로운이는 누가 와도 짖지 않는 착한 강아지들.

그러던 차에 묘하게 인연이 되어 네 살짜리 하얀 진돗개와 같이 살게 되었습니다. 그의 이름을 '만덕'이라고 지은 것은 만덕이처럼 자비롭기도 하고 지혜롭게 짖기도 하라는 뜻이었습니다.

약간은 어색하게 시작된 새 만덕이와의 인연. 새로 온 만덕이는 누가 오든지 짖습니다. 그만 짖으라고 해도 바로 멈추지는 않습니다.

만덕이와 함께 아침마다 산책을 다닙니다. 매일 산책을 하던 개라서 산책하고 싶다고 신호를 보내는 만덕이. 개한테만 무언가를 바라기 전에, 개가 바라는 것을 함께 하며 먼저 친해지는 게 좋을 것 같습니다.

심한 가을 가뭄으로 마당의 꽃과 나무들이 바짝
말랐습니다. 그렇게 된 건 꽃과 나무가 부족해서가
아니라 꽃과 나무를 그렇게 만든 조건이 마련되었기
때문입니다.

누구 혹은 무엇에게 아쉽다는 마음이 조금이라도
일었다면, 그것은 조건이 그러하다는 걸 잊고 끝없는
욕심을 따라갔기 때문입니다. 이 욕심을 쫓아가고
대접하다 보면 그 끝에는 상처만 남는다는 생각을
해봅니다.

만덕이가 짖는 소리를 들으니 참 신기하고
신비롭습니다. 떠나간 만덕이 같은 개가 있으면
좋겠다고 한 생각을 했더니, 이렇게 잘 짖는 개가 어느새
와 있습니다.

난관에 직면했을 때, 걱정 마시고 일단 한 생각을
해보라고 말씀드립니다. 그러고서는 잊고 조금 기다리다
보면 이미 나타나 있는 것을 발견하게 될 것입니다.

사진기를 못 놓는 이유

출가하기 전, 외국에 다녀온 형님이 사진기를 사
오셨습니다. 그 사진기로 꽃과 산과 들을 담았습니다.
재미가 있었습니다. 그리고 출가할 때 고향집에
사진기를 두고 왔습니다.

어느 날, 고향 도반스님이 이르기를 어머니께서
사진기만 보면 제가 생각나서 우신다고 했습니다.
어머니를 찾아뵈었습니다.
"관세음보살님께서는 소원을 들어주신다고 합니다. 제가
스님 생활을 그만두고 세상에 나와 살기를 원하신다면
관세음보살님께 정성껏 기도를 해보세요, 어머니."
나뭇등걸 같은 어머니 손을 놓고 더 이상 울지
않으시기를 바라면서 사진기를 가져왔습니다.

선원에 있을 때는 그 사진기로 아무도 없는 선방 뒤뜰을
담았습니다. 풍경이 '깨어 있으라!' 흔들릴 때는 그 풍경
소리를 담았습니다. 도반들과 지리산을 종주할 때는

고사목과 먼 산을 담았습니다. 누구에게 보이려던 건
아니었지만 그저 사진 찍는 게 좋았습니다.

내설악 오색에서 대청봉으로 가파른 길을 오를 때는
사진기 두 개를 목과 어깨에 메고 있었습니다. 힘겹게
오르다가 스스로에게 물었습니다.
'범일, 부모 형제 친구 고향 모두를 떠나왔으면서 왜
사진기는 놓지 못하는가?'
답을 찾지는 못했습니다.

이렇게 찍은 사진들이 산방 홈페이지며 불교 잡지며
달력에 쓰이고 있습니다. 첫 책을 낼 때도 요긴하게
쓰였습니다. 요즘도 틈틈이 찍은 사진으로 달력을
만들어 불자님들께 보내고 있습니다. 목적 없던
사진들이 이렇게 알차게 쓰일 줄 누가 생각이나
했겠습니까!

지금 이유 없는 끌림에 의해 하게 되는 그 일은, 훗날
알차게 쓰일지도 모릅니다. 우리는 그 깊은 뜻을
아직 알 수 없습니다.

기대가 크면

오래 전, 유학하던 사형스님을 뵈러 은사스님을 모시고 미국에 갔을 때 그랜드캐니언 여행을 했습니다.

몇 시간을 달려서 그랜드캐니언에 이를 때쯤, 여행 가이드가 조금 있다 펼쳐질 광경에 대해 설명하면서 이렇게 덧붙였습니다.
"여러분은 잠시 후 만나는 광경에 너무 놀라서 입을 떡 벌리면 닫지를 못할 것입니다. 그래도 걱정 마세요. 제가 다니면서 턱을 쳐 올려 드리겠습니다."
'도대체 얼마나 대단하고 신비롭기에 이렇게 이야기할까?'
무지하게 궁금했고 기대도 많이 했습니다.

하지만 버스에서 내려 바라본 경치는 신비롭지도 신기하지도 않았습니다. 그저 조금 넓은 골짜기일 뿐이었습니다. 큰 산속에서 살아온 제 눈에는 정말 아무것도 아니게 보였습니다.

'치! 고작 이 정도 가지고 턱을 닫아주어야 한다고 한 거야!'
기대가 컸던 탓에 그랜드캐니언 관광은 완전히 김이 빠지고 말았습니다.

무언가를 기대할 때, 우리는 내면에 입력되어 있는 것의 최대치를 상상하게 됩니다. 그러나 현실은 늘 상상을 채워주지는 않습니다.

기대가 크면 실망도 큽니다.

칭찬의 힘

해가 뜨면 어둠이 사라지고 만물이 생생하게 빛납니다.
해가 지구 뒤편으로 돌아가 세상이 어두워지면 모두
잠을 자고 쉽니다.
달은 그 작은 빛으로도 세상을 밝고 행복하게 합니다.
작은 들꽃이라도 우리는 눈길을 주고 예뻐합니다.

초등학교 3학년 때 담임 선생님은 제 그림을 교실 뒤편에
붙이고는 잘 그렸다고 칭찬하셨습니다.
그 말씀 지금까지도 환한 빛으로 남아 삶을 기쁨으로
이끌어주고 있습니다.

가끔 보내 드리는 문자에서 힘과 위안을 얻었다고
답을 주시면 저도 기분이 좋아져 빼먹지 않고
보내야겠다고 다짐을 하게 됩니다.
스님이라 해도
답이 없으면 시무룩해집니다.
문자로 귀찮게 하는 것은 아닌지 하고 말이죠.

산방에 손님 두 분 오셨습니다.
스님은 음악도 잘한다 하니 기타와 아코디언을
연주했답니다.
박수를 치고 환하게 좋아하는 것을 보고
비록 잘하진 못하더라도 계속 열심히 연습해야겠다고
마음을 먹었습니다.

오래전 달력을 만들 때 불자님이 말했습니다.
"스님 맨날 그 사진이 그 사진인데 또 스님 사진으로
달력을 만들려고 하세요?"
부끄러워서 인쇄소 달력으로 대신했습니다.
그런데 나중에 다른 불자님이 묻기를,
"왜 올해는 스님 사진으로 달력 안 만드셨어요?
어머니께서 해가 지난 달력에 있는 스님 사진을 벽에
붙여두고 보시거든요. 달력에 스님 사진이 없으니
서운하네요."
그 칭찬에 힘입어 지금까지 줄기차게 범일의 사진으로
달력을 만들고 있습니다.

우리는 칭찬에 너무 인색한 것 같습니다.
칭찬할 것이 없어 그런다고요?
아무리 없는 것 같아도 찾아보면 반드시 세 가지 이상은
칭찬거리가 있습니다.
작은 거라도 칭찬하기를 꾸준히 하다 보면
그 씨앗에서 싹이 자라 나중에는 온통 칭찬할 것으로
가득해져 있을 것입니다.

지금 함께 사는 분 무지무지 귀한 인연입니다.
그분은 지금 칭찬을 들은 지가 언제인지 몰라 목말라
하고 있습니다.
지금 바로 칭찬을 해보세요.
님 덕분에 저도 행복하답니다, 라고.

마음으로 드렸다고요?

새벽 예불을 하지 않는 객스님에게
"왜 예불에 참석하지 않으셨는지요?" 물었더니,
"마음으로 했습니다." 답합니다.

아침 공양 시간이 되어도 공양 목탁 소리가 들리지 않아
끼니를 놓친 객스님이 묻습니다.
"어찌 아침 공양 목탁을 치지 않는가요?"
"마음으로 공양을 올렸는데 못 드셨는지요?"
객스님은 아무 말도 못 하고 쫄쫄 굶었답니다.

우리는 가끔 말합니다.
"마음만은 늘 너와 함께하고 있어."
하지만 그 마음, 어떻게 알 수 있을까요?

마음으로만 말고, 보고 듣고 만질 수 있게 부탁드립니다.

맺
는
글

지금까지 걸어온 길

가만 돌아보니, 제가 지금까지 걸어온 길은 제 의지와는 상관없이 이미 다가와 있었습니다.

출가한 범어사, 은사스님 계셨던 운수사, 해인사 선원, 곡성 태안사, 부산 해운정사…… 개운사 중앙승가대학도 우연히 가게 되었고, 하루 전까지는 전혀 몰랐던 서울 봉은사에 가서는 무려 10년이나 머물렀습니다. 나올 때도 제 의지와 상관없이 나왔고요.

서종사를 세운 일은 상상도 예상도 못했습니다. 다만 산 7부 능선쯤 자리한 작은 암자에서 경전 읽고 좌선하면서 고요히 살고 싶다는 생각은 했었습니다.

더 깊이 들여다보면, 사람으로 태어날 것도 몰랐고 출가할 것도 몰랐습니다. 참으로 묘하고 신비로운 삶입니다.
제 가슴 깊은 곳은 은은한 설렘으로 두근거립니다.
또 어떤 미래가 나에게 다가올 것인가?
어떤 인연들과 함께 새로운 미래를 가꾸어갈 것인가?

꼭 고운 미래만 오지는 않겠지요. 설혹 힘든 시련이 닥친다면 공부 삼아 관조해보려 합니다. 사람이 죽지만 않는다면 극복 못할 것이 무엇이겠는가, 하는 마음으로.

지금 하고 있는 일이 남에게 피해를 주거나 사회에 해악만 되지 않는다면, 미래에 대해서는 미리 걱정할 필요가 없습니다. 미래는 상상했던 것보다 좋은 모습으로 차곡차곡 다가옵니다. 그렇게 생각하고 있습니다.

_ 범일 합장

ⓒ 범일, 2017

2017년 7월 31일 초판 1쇄 발행
2023년 12월 15일 초판 6쇄 발행

글·사진 범일
발행인 박상근(至弘) • 편집인 류지호 • 상무이사 김상기 • 편집이사 양동민
편집 김재호, 양민호, 김소영, 최호승, 하다해
디자인 쿠담디자인 • 제작 김명환 • 마케팅 김대현, 이선호 • 관리 윤정안
콘텐츠국 유권준, 정승채, 김희준
펴낸 곳 불광출판사 (03169) 서울시 종로구 사직로10길 17 인왕빌딩 301호
     대표전화 02) 420-3200 편집부 02) 420-3300 팩시밀리 02) 420-3400
     출판등록 제300-2009-130호(1979. 10. 10.)

ISBN 978-89-7479-363-0 (03220)

값 15,000원

잘못된 책은 구입하신 서점에서 바꾸어 드립니다.
독자의 의견을 기다립니다. www.bulkwang.co.kr
불광출판사는 (주)불광미디어의 단행본 브랜드입니다.